Shiganai Yasuhiro
志賀内 泰弘

つらくなったとき
何度も読み返す

# 「ポジティブ練習帳」

同文舘出版

# まえがき

　世の中に悩みのない人はいません。つらいことがあると、ついつい心が暗くなります。

「なぜ、こんなことになったのだろう」と後悔ばかりし、

「この先、どうなるんだろう」と取り越し苦労をし、

「俺はどうせダメなんだ」と悲観的になります。


　どうしたら、そこから脱出できるのか。もちろん、それには根本的な解決策が必要になります。逆境を跳ね返して、「生き方」を変えることです。

　しかし、言うは易し、行うは難し。そう簡単に人間は変われません。

　ところが、です。ほんの小さなきっかけで、自分でも驚くほど目の前がパッと明るくなることがあります。

　ネガティブになっていた心が、一瞬でポジティブになる瞬間です。


　本書では、いつでも、どこでも、どんなときでも、たちまちポジティブに心を切り替えられるポイント、「習慣・言葉遣い・行動・イメージ化」を、短いキーワードと９０

0字程度の説明文で紹介します。

ひとつ、肝心なこと。ポジティブになれる心のスイッチは、1秒でオンにすることができます。できることは間違いないのですが、人間の心というものは悲しくも弱いものです。せっかく、ポジティブになれたのに、翌日にはもうネガティブに戻っていたりします。

そうならないためには、どうしたらよいのか。それが、本書のポイントです。

何度も何度も、つらいこと、悩み事があるたびに、本書をペラペラとめくってポジティブ・スイッチを入れ直しましょう。スイッチ・オン、スイッチ・オン……と繰り返しているうちに、あら不思議。しだいにポジィティブでいられる時間が増えてきます。

さらには、ネガティブになる回数も減ってきます。何度も何度も、訓練によって心のポジティブ・スイッチを入れることで、心が強くなっていくのです。

そのため、本書は、読者がいつでも、どこでも、何度でも読み返して実践できるような作りになっています。カバンの中に、お守りのように入れておいたり、枕元や机の上に置いて、苦しくなったときに読んで実践する。それがタイトルにある「練習帳」の意味するところです。

なお、本書で紹介した方法はすべて著者が、家族の看病介護、仕事上の問題、人間関係によるストレス、自身の病気などの苦難を乗り越えて来た際に、実践した体験に基づくものです。

さらに、私は日々、よろず相談を受けています。就職、病気、家庭問題、経営相談、借金整理、人間関係、相続問題などなど……。その際に、本書で掲げた方法を伝授してアドバイスのひとつにも活用しています。

本書により、多くの悩める人たちの心が元気になることを望みます。

志賀内泰弘

Contents

つらくなったとき何度も読み返す「ポジティブ練習帳」

Lesson 2

# 言葉遣い

Lesson
# 3

# 行動

Lesson
# 4

# イメージする

本文デザイン・DTP／ムーブ（新田由起子、川野有佐、徳永裕美）

# Lesson 1
# 習慣

人はつらいことがあると、悩みます。大きな壁を前にすると、怠けたり逃げ出したしたくなるものです。それは一時しのぎにはなりますが、放っておくと、心のベクトルはどんどん悪い方へと向かいます。

心のベクトルを明るい方向へと向けるには、心のスイッチをパチンと入れて、自分自身を変えるにはどうしたらいいのか。ただ「ハイ、スイッチを入れました。今から変わります！」と思ったところで、そう簡単に変われないから、苦労をしているわけです。

本章では、「習慣」にスポットを当てて、誰もができる「スイッチをオン！する」方法をご紹介します。

# 01

# 心の中で3回唱える「大丈夫　大丈夫　大丈夫」

さまざまな自己啓発の本が出ています。

「○○になれる魔法の言葉」とか「1秒で変われる○○の言葉」というようなタイトルの本です。どの本にも決まって書かれているのが、「ツイている」「ありがとう」「ラッキー!」「ハッピー!」「幸せ」です。

これらの言葉は、口にするだけで心が明るくなります。**「プラス言葉」**と呼ばれていて、**使うと元気になったり、やる気が出る言葉**として知られています。

私も今までに、この類の本を山ほど買い込み、ピンチに陥ったとき、これらの言葉を何度も何度も唱えてきました。

たしかに、心が明るくなりました。**ネガティブな状態にあるとき、ポジティブに反転させる「きっかけ」作り**にたいへん効果がありました。

しかし、とことん落ち込んで本当につらい状態にある場合には、心のベクトルを力づくで明るい方へ向けようとしても、萎えた心がついていかず、限界があります。

それはまるで、病気で顔色の悪い人に、「頑張れ！　頑張れ！」と言っているようなものです。頑張れるものなら、言われなくても頑張れる。それができないからつらいのです。

そんな中で、心がピンチに陥ったとき、とくに効き目のある言葉を見つけました。それが**「大丈夫」**です。

まずは、心の中に立ち込めた心配や不安の黒雲を取り除くことです。不安は、放っておくと、どんどん広がっていきます。「大丈夫だよ」と、心の中にいるもう1人の自分に声をかけてあげる。決して、励ますのではなく**「安心させる」**のです。

ポイントは、**3回唱える**こと。「大丈夫、大丈夫、大丈夫」。

できることなら（人のいない所で）、声に出して言ってみましょう。効き目は倍増します。

02

# 首を縦に2度、「うんうん」と、うなずく

人間って不思議です。

嫌なことを押しつけられると、自然と身体が横に動きます。

例えば、幼い子供が大嫌いなニンジンを残したとき、「食べなさい！」と言って怒ると、首を横に振って「イヤイヤ」をします。エレベーターの中で「プー」とオナラの音が聞こえた。「お前だろ」とあらぬ疑いをかけられたときも、ブルブルと顔を小刻みに横に震わせます。横の動作は、否定の心と連動しているのです。「パブロフの犬」と同じですね。

どうやって、この無意識のマイナス思考＝否定の心を突破したらいいのでしょうか。

会社や学校へ行きたくない日がある。「ああ、嫌だ嫌だ。このまま眠っていたい」。

誰もが経験したことがあるはずです。でも、仕方なく、エイッ！ と布団を跳ね上げて起きてみる。カーテンを開けて背伸びをする。顔をバシャバシャと洗う。ただそれだけで、不思議と気分がマイナスからプラスに変わる。**行動を起こすことで、心のスイッチが入る**のです。

（マイナスの）ココロ↓（マイナスの）カラダ、という信号の流れを、（プラスの）カラダ↓（プラスの）ココロに切り替えてやるのです。

信号の流れを逆方向に入れるもっとも簡単な方法、それは、**「うんうん」とうなずく**ことです。

人は肯定するときには、首を縦に振ります。誰に教えられたわけでもないのに、勝手に顔が動いてしまう。つらいことがあったとき、悩み事があるとき、「私はダメな人間なんだ」「誰にも認められない」などと、自分自身の存在を否定しがちになります。

そんなとき、「うんうん」と心の中で呟きながら、あえて首を縦に2度振ってみるのです。その「うんうん」の中には、無意識に「大丈夫、できるよ」「頑張ろう」「負けるものか」という意味が込められています。すると、なぜかしら心がポッと明るくなります。**首を縦に振ることで、心にポジティブ信号が届く**のです。

# 03

# 鏡を見て笑う 作り笑いでもいいから笑う

こんな話を聞きました。アイドルグループのＡＫＢ48は、「握手会」というイベントを開催しています。メンバーたちの前には、ファンの長蛇の列。１人10秒という短い時間ですが、メンバーは全員に笑顔で握手をしてくれます。

その１人、柏木由紀さんがテレビのトーク番組でこんなことを言っていました。

「握手会が終わって家に帰ると、顔が固まって動かない」

そうです。ずっと笑顔でいるので、笑顔のまま引きつってしまい、元に戻らないというのです。なんと握手会は７時間にも及ぶということです。アイドルだからといって、ただチヤホヤされているわけではありません。彼女たちは、いつも最高のパフォーマンスをして、ファンの人気を勝ち取るために戦っているのです。体調の悪い日もあるでしょう。ストレスも溜まるでしょう。それでも、笑顔を作っているのです。

また、こんな実験もあります。ホラー映画を見たり、ジェットコースターに乗って怖い思いをすると、免疫力を高める作用を持つと言われている、血液の中のＮＫ細胞が少なくなり、なおかつ、身体の表面温度が下がってしまうというのです。

反対に、コメディー映画やお笑い番組を見て、「ワッハハ」と大声で笑うと、免疫力が上がります。つまり、恐れるか、笑うかによって、健康状態が変化することが科学的に証明されているというのです。

さらに興味深い実験もあります。面白くも楽しくもないのに、無理やり笑ってみるのです。すると、あら不思議。それでも免疫力はアップしたのです。飛行機の客室乗務員など、常日頃から接客の仕事をする人たちは、鏡を見て「笑い顔」をチェックしています。例え、つらいことがあってもです。そのおかげで、健康な状態を維持することに役立っているそうです。

心理学で用いられる、こんな言葉があります。

**「悲しいから泣くのではない、泣くから悲しいのだ、楽しいから笑うのではない、笑うから楽しいのだ」**

作り笑いでもかまいません。**鏡を見て、ニッコリ笑顔になりましょう。**

04

# 合掌する
# すべてのことに感謝する

仏教ではお参りをするとき、両手を胸の前で合わせます。日本人はよく「無宗教だ」と言われますが、信仰とは関係なくても、神社・仏閣を訪ねると自然と合掌します。

合掌は、もともとインドに起源があるそうですが、キリスト教でも胸の前で両手を組んでお祈りします。その意味については諸説ありますが、共通しているのは、**手を合わせること自体に精神を鎮める効果がある**、とされていることです。

さて、ネガティブな思いが心の中に広がってしまう要因とは何でしょうか。もっとも大きなもののひとつが、不平不満です。

「何で、私ばかりが損な役回りをさせられるんだろう」

「あいつの家は金持ちでいいなあ」

「オレだけが悪いんじゃないのに、また課長に怒られた」……。

いわゆる愚痴ですね。ものごとがうまく運ばないと、どうしても人のせいにしたくなります。「ツイてないなあ」と、「不運」のせいにしようとします。でも、愚痴を言っても解決しません。かえって、「不運」のスパイラルに陥ってしまうだけです。

心がネガティブになったとき、そっと両手を合わせてみましょう。そして、**「ありがとう」と、すべてのことに感謝する**のです。

「すべてのこと」とは何か。家族が健康でいること。お金のもらえる仕事があること。住む家があること。もっと次元を下げてみましょう。目が見えること。耳が聞こえること。ものが食べられること。2本の足で歩けること。

一見、当たり前と思えることに感謝するだけで、心が安らぎます。「私はこんなに幸せだったことを忘れていた」と。

**合掌すると、難しい理屈は抜きにして、不思議と心が落ち着きます。**

05

# 首を横に振って、頭の中の嫌な出来事（嫌いな人）を追い出す

悩み事の中で、もっとも大きなものは「人間関係」によるものです。どうしても気の合わない上司や先輩、いつも意地悪なことを言う同僚やご近所の人。ハッキリ言って大嫌い！　縁を切りたい！　だけど、付き合わなくてはならない。親と上司は選べない、と言います。つらくても我慢するしかない。すると、それがストレスになります。

私もサラリーマン時代に、2年間、きわめて厳しくて陰湿な上司の下で働いたことがあり、苦しみました。このときは、本当につらかった。そのストレスが原因で、ついには倒れてしまい、大学病院へ担ぎ込まれました。内臓がボロボロになり、出血多量で一時は生死をさまよう状態でした。

そんな苦しみの中で、編み出した方法がコレです。

当時は帰宅して、家でテレビを見ているときも、急に会社のことを思い出してポッと上司の顔が目の前に浮かびました。休暇で旅行をしているときにも、何かのきっかけで上司の顔が頭の中に浮かんでくるのです。

そんなとき、首をブルブルッと横に振る。いや、「振る」というのとは少し違います。厳密に言うと、まるで雨に打たれたびしょ濡れの犬が、水を振るい落とすようにして**「嫌なヤツ」を頭の中から吹き飛ばす**のです。「あっちへ行け！」「消えてしまえ！」と。

悩んで悩んで考え込んでしまうと、目の前の物が何も見えなくなってしまいます。その悩み事で、頭の中がいっぱいになり押しつぶされそうになります。

「我に返る」という言葉があります。悩みで「我を忘れて」いるときは、**首を横に振って、頭の中の嫌な出来事を追い出すことで、見失った自分を取り戻す**のです。

では、やってみましょう。ブルブルッ！　ブルブルッ！

一歩進んで、シャドウボクシングで、相手（悩み事）に一発食らわせるという手もあります。

06

# 「インスタント座禅」のススメ　そっと目を閉じて、「一瞬」でいいから頭の中を空っぽにする

曹洞宗のお寺の道場で座禅をしました。

はじめる前に、和尚様から言われました。

「頭の中を空っぽにしなさい。何も考えてはいけません。〝無〟にするのです」

「無」などということを、それまで考えたことがありませんでした。なので、頭の中を「無」にしようと思っても、次から次へといろいろなことが思い浮かんできます。

和尚様は、こんなふうに優しく説明してくださいました。

「空っぽにしようと思っても、人間は何かを考えてしまいます。そういうものです。極端な話、『何も考えないようにしよう』と努めれば努めるほど、『何も考えない』ということを考えているのです」

「何も考えないようにしよう」ということを「考えてしまう」とは、パラドックスのようです。和尚様は続けて、

「そんなことは、無理に決まっています。無理ではあるけれど、雑念を払う努力をしてみてください」

とも言われました。

でも、やはり無理でした。次々に、考え事をしてしまいました。何かひとつ、頭の中に浮かぶたびに、消し去ろうとします。ひとつ消えても、またすぐに浮かんでくる。堂々巡りです。


じゃあ、座禅は無意味だったのか。いや、大きな収穫がありました。「頭の中を空っぽにする」なんて、今まで考えたことがなかったからです。

**ポジティブになるには、まず、心をニュートラルな状態にする必要があります**。どこにいても、どんなときにも、座禅はできます。電車の中でも、職場やトイレでも。**頭の中を空っぽにしてみる**のです。「無」というニュートラルな状態にする努力をする。

私は、これを**「インスタント座禅」**と呼んでいます。

07

# 頭に上った「気」を丹田に持っていく

腹が立つと、どうなるか。

「頭に血が上る」とか「頭から湯気が出る」と言います。眉間にシワがより、額には青黒い血管が浮き出たりもします。

科学的な根拠はわかりません。でも、たしかに心と身体が繋がっていることがわかります。

中国の「気功」の有名な先生にお聞きしました。

忙しくてイライラしたり、心配事があって心がモヤモヤしているときには、「気」が頭に上っているそうです。

「気」と言われてもピンと来ない人も多いでしょう。この場合は、「意識」という言葉に置き換えるとわかりやすいと言います。

「心はどこにありますか？」と聞かれると、多くの人は胸、それも心臓のあたりを指さします。怒ったり、泣いたり、憎んだり、羨んだりという感情が高まると、心拍数が上がってドキドキするからかもしれません。でも、そのとき、それらの「意識」は頭に上がっているのです。それも、おでこ（前頭葉）のあたりに。

イライラや心配事というのは、自分で考えようとしていないのに、知らず知らずのうちに起きてしまいます。人間は、脳のある頭で考えるため、その「意識」が頭に上ってしまうわけです。とくに、ネガティブな精神状態に陥っているときに。

そこで、**「意識」を丹田に持っていきます**。丹田とは、おへその下10㎝くらいの位置のことです。頭に上った「意識」をボールだとイメージしてください。ゴルフボールくらいの大きさがいいでしょう。目を閉じて、**おでこの裏側にあるボールを、「意識」して丹田へとゆっくりゆっくり下げていく**。そうイメージします。すると、「腹に落ちる」「腑に落ちる」とも言うように、ストンと自分の中におさまるのです。**不思議に気持ちが落ち着き、平静になります**。

ネガティブからポジティブに切り替える東洋の教えです。

08

# 「心が暗くなったな」と思ったら、どんなに小さくてもいい最近あった、「いいこと」を思い出す

この世の中に、悪いことの起きない人はいません。人生とは、「勝つ」ことよりも「負ける」ことのほうが多く、「成功」よりも「失敗」のほうが多いものです。例えば、大学受験で、第一志望に合格するなどという人は稀でしょう。浪人する人だっているし、学力の問題ではなく、経済的な事情から大学へ行けない人だっています。

就活では、50社もエントリーして1社も受からないというケースは珍しくもありません。恋愛や結婚も同じです。初恋が実って、そのまま結婚までゴールインする人なんて奇跡に近いのではないでしょうか。何度も何度も失恋し、何度も何度も恋人とケンカをする。仮に結婚しても、うまくいかずに離婚する人も多い。友達や職場の人との付き合いも含めたら、失敗の連続こそが人生なのです。

でも、心配ありません。み～んな一緒！　あなただけじゃなく、世の中の人たちで、

**心配事、悩み事のない人はいない**のです。（そう思うだけで、ちょっと気が楽になりませんか？）

さて、そんな失敗だらけの人生で、「うまくいく人」と「うまくいかない人」の間には、ひとつだけ違いがあります。それは、「**心の持ち様**《よう》」です。失敗・挫折に当たって落ち込んでしまったとき、どうやって立ち上がるかということです。

ひとつ、悪いことが起きると、「あれもこれも」と悪い出来事ばかりを思い出してしまうものです。でも、探してみると「いいこと」は身の回りにたくさんあります。**「うまくいく人」は、その「いいこと」だけに目を向けるように努力している**のです。

では、「いいこと」って何？

それは身の回りにあふれています。「故郷の母親から電話がかかってきた」「お客様から『ありがとう』と言われた」……。こんな些細なことでもいいのです。「バーゲンでお値打ちな服が買えた」「初めて入った店のカツカレーがおいしかった」「映画の試写会の招待券をもらった」……。必ずあります。**ひとつ、暗いことがあったら、ひとつ「いいこと」を思い出しましょう。**

# 09 太陽の光を浴びる

え⁉　太陽の光を浴びるですって？　そんなことが、「つらいこと」の解決に何の役に立つのか、と疑問に思われる方も多いことでしょう。

**「お日様の光を浴びる」と、ポジティブになれます**。これは決して、精神論でもスピリチュアルな話でもありません。科学的な根拠に基づく方法です。

脳内にセロトニン神経という細胞があります。この神経は、うつ病やパニック障害など、心の病を治すために大きな役割をはたしています。セロトニン神経が活性化すると、セロトニンという神経伝達物質が放出され、心の不安や緊張を取り除いてくれたり、自律神経を適度なレベルに保てるようになるのです。

では、どうすればセロトニンが増えるのか。

その方法のひとつが「太陽の光を浴びる」ことなのです。**目の網膜から入ってきた「光」の信号が、セロトニン神経を興奮させる**のだと言われています。

北欧では、冬の間、日照時間が短いことから「冬季うつ病」という病気になる人がいます。これを治すため、南イタリアなど温暖で晴れの日が多い地方へ連れて行く「転地治療」が行なわれています。

実際に、「うつ」の人から聞いた話です。朝、会社へ行かなければならないのに、寝室から出ることができない。いつまでもベッドの中にいて、時間が過ぎていく。「休もうか」「休めない」と葛藤を繰り返す。そんなとき、窓際まで行き、カーテンを開け放つ。季節がよければ、窓を開けて「お日様のシャワー」を20分くらい浴びる。するとと、不思議と元気が出てくるそうです。もし、散歩に出かける心の余裕があれば、公園のベンチで日向ぼっこするのもいいでしょう。会社のお昼どきに、ビルの屋上や近くの公園に出かけてランチするのも効果的です。

不思議なのは、電気の灯りではダメだということ。そして、朝日を浴びることがより効果的です。簡単！ タダ！ エコで手軽な方法です。

# 10 チャリン！コンビニでコーヒーを買ったら、お釣りを募金箱に入れてみる

人は、どんなときに心が明るくなるでしょう？

人からほめられたとき。人から「ありがとう」と感謝されたとき。

そうです。人を喜ばせて笑顔にしたとき、自らもうれしくなり心がパッと明るくなるのです。「情けは人のためならず」ということわざの通り、**人のためになることをすれば、それは自分に返ってくる**のです。

でも、人を喜ばせることは簡単ではありません。

電車に乗っていて、お年寄りに席を譲ろうとしても、満員ですべての席が埋まっていて、そこへお年寄りがグッドタイミングで乗ってこないとできないのです。

第一、勇気が要ります。もし、「わしゃあ、そんなに年寄りじゃない！」と怒られたらどうしよう……と心配にもなります。ちょっと気の弱い人は、「席を譲ろう」と思う

だけで、ストレスになってしまいます。

人から、「ありがとう」と感謝されるのは、たいへんなのです。

そんなとき！　簡単にできるのが募金です。

たくさんである必要はありません。5円でも10円でもいい。コンビニでお金を払ったとき、チャリン！　とレジの横の募金箱にお釣りを入れる。そのお金が誰かのために役立つのだと思うだけですがすがしくなるものです。

東日本大震災では、大勢の人たちがボランティアで被災地に駆けつけました。また、多額の募金も寄せられました。きっとあなたも、何らかの形で、支援したに違いありません。そしてそのとき、こう思ったに違いありません。「役に立ててよかった」と。

そして、何だか嬉しくなったのではないでしょうか。実は、被災者のみなさんに喜んでもらえるだけでなく、善意を施した人たち自身の心が、「いいことをしたなあ」と満たされたのです。**募金は、自分の心も明るくします。**

# 11 疲れたら「ちょい寝」する

これは「昼寝」のことではありません。「ちょいワルおやじ」の「ちょい」、ちょっとだけ寝るから「ちょい寝」です。

人はどういうときにネガティブになってしまうのでしょうか。

ズバリ！「疲れたとき」です。要するに、働き過ぎです。では、働き過ぎる人とはどういう人かというと、いわゆる頑張り屋さんです。働き過ぎれば、当然疲れます（あなたのことかも？）。

ストレスで心が疲れる場合もあれば、肉体が疲労する場合もあります。問題なのは、初期の段階では、そのことに当の本人が気づかないことです。また、頑張り屋さんには、体力にも気力にも自信がある人が多いものです。自分では「まだ大丈夫」と思い込んでいるのです。

真面目な人も危険です。「もっと、頑張らなきゃ」と自分に対して厳しくなってしまう。ギリギリにならないと休まない。ところが、ギリギリまで疲れたときには、マイナス思考になったり、軽い「うつ状態」になるなど、もう心の芯までが侵されています。

「ちょっと疲れたかな？」と思ったら、横にならなくてもいいからソファか椅子に深くもたれて、腕組みをして10分間目をつむる。早めの対処が大切です。

ある学説によれば、昼寝は10分でも充分に効果があるそうです。

現実には、仮に10分だとしても、仕事場で熟睡することは難しいかもしれません。5分でも3分でもいいのです。**本当に眠らなくてもいいから、目をつむる**。

職場に休憩室がなければ、ビルの屋上やトイレ（個室）の中という手もあります。

「ちょい寝」は、早いうちのほうがより効き目があります。

午前の疲れは、ランチのときに。午後からの疲れは、残業前の夕方に。「今日は疲れているから早く寝よう」というのではなく、**その日の疲れは、仕事の最中に「ちょい寝」で小刻みに解消**していきましょう。

12

# 壁に、「いい言葉」を貼り出して、いつも見つめる

これは、極めて古典的な方法です。受験生が「絶対合格！」と書いた紙を壁に貼って、自分自身を鼓舞するのに用いてきました。きっと、あなたにも経験があるでしょう。

一見、ただの精神論にも思えます。でも実は、たいへん効果的な方法で、自己啓発のセミナーでも応用されています。

「夢の宝地図」をご存じでしょうか。私の友人・望月俊孝さんが提唱する、「夢」の実現のための手法です。

まず、A1サイズのコルクボードを用意します。そこに、自分の夢が達成したときの様子をイメージさせるものをペタペタと貼りつけます。

もし、億万長者になりたければ、ビバリーヒルズの大豪邸や金塊の写真を貼り、その

横にニコニコ笑顔で笑っている自分の写真を添えてみる。そして、「大富豪になった」「20××年4月年収1億円達成！」「みなさんありがとう」などと文字を書き込みます。1日3分、そのボードを見つめるだけで、夢がかなうというものです。

実際に、これで夢を実現した方が大勢いるのです。もちろん、魔法ではありません。普通の人は、意思が弱いものです。だから、「大金持ちになりたい」というモチベーションを維持させる効果があるのです。

それと同じです。**「いい言葉」を紙に書いて壁に貼って、四六時中見つめる**ようにします。それだけで、ポジティブになれます。

ちなみに、私の部屋には「心配しない・疑わない・不安がらない」「うつむくな！顔を上げよう」「大丈夫、大丈夫」などと書いた紙があちこちに貼ってあります。

トイレの壁に「うまくいく！」

冷蔵庫の扉に「努力は必ず実る」

玄関の下駄箱の上に「今日は、いいことあるよ」

仕事の机の下敷きに「夢はかなう」

ぜひ、お試しください。

# 13 メモ用紙でも、広告の裏でもどこでもいいので、紙に前向きな言葉を書く「できる」「いける」「やれる」「成功」「オーケー」

前項の「壁に、『いい言葉』を貼り出して、いつも見つめる」という方法と似ていますが、少しシチュエーションが異なります。

ネガティブな気分は、所かまわずやってきます。

「あ〜今日は、嫌なことがあって落ち込んだなあ」と思っても、自宅に帰らないと壁に貼った「いい言葉」を見ることができません。また、「見る」という行動は、どちらかというと受動的なものです。テレビと一緒で、スイッチが入っていたら、知らぬ間に目に飛び込んでくるという感じです。

勤め先でも、乗り物の中でも、友達の家でも、心のネガティブのタネを打ち消す方法。**どんな紙でもいいので、前向きになれる明るい言葉を書く**のです。

「できる」「いける」「やれる」「成功」「オーケー」

どんなときでも、心に不安は芽生えるものです。放っておくと、ネガティブのタネはどんどん大きくなってしまいます。だから、早めの対処が必要なのです。

例えば、仕事の会議中。資料の裏にコソコソッと書く。まるでメモでも取っているかのように。

「負けるものか！」

例えば、電車の中ならスケジュール帳やコンビニのレシートの裏に。

「明日があるさ！」

こんな簡単なことですが、実は「書く」という行為に意味があるのです。学生時代に、歴史や国語の科目を書いて覚えませんでしたか？　そう、**書くことで「書いた内容」が頭に刷り込まれる**のです。ポジィティブになれ！　と。

ラッシュアワーで、ペンを取り出せなかったら、携帯電話やタブレットにメモを書き込むのもいいでしょう。それを自分あてにメール送信して、自分で自分を励ますというアイデアもありです。

14

# 会う人すべてをほめる 嫌いな人でも、ほめてみる

「ほめてもらうんじゃなくて、ほめるってどういうこと？」

そう思われた方も多いでしょう。

本書は、どうしたら（できるだけ簡単に！）ポジティブになれるかを説いたものです。人は、ほめられればうれしい。それが仮に、おべっかや社交辞令だとわかっていても、うれしいものです。「いえいえ」と言いながらも明るい気分になる。

でも、なかなか人は自分のことをほめてはくれません。家族はともかく、人に「ほめて」と頼むわけにもいきません。第一、仕事をしていたら、ほめられるどころか、叱られることのほうが多いでしょう。叱られたら落ち込みます。「オレってダメなヤツだ」とネガティブな気分になります。

さて、ここがポイントです。

ほとんどの人は、日常生活の中でほめられることがありません。だから、あなたが、あなたの周りの人たちを、ほめてほめて、ほめまくるのです。

ほめられた人は、当然喜びます。その人だって、めったにほめられないからです。喜ぶと、人は笑顔になります。

その笑顔を見ると、こちらもうれしくなります。そして、「ありがとう」と感謝されます。また、「ほめ言葉」は、すべてポジティブな明るい言葉です。**人のことをほめるために言葉を発するだけで、自分の心も明るくなる**のです。

それだけではありません。ほめられた人は、あなたのことを「味方」だと思い、好きになります。それが広まると、あなたは**「いい人」だという評判が立ちます。**

一度、嫌いな人をほめてみてください。おべんちゃらでもかまいません。相手はびっくりするでしょう。こちらが嫌いだと思っていると、それは自然に相手に伝わっているものです。そんな人を、「今日のネクタイ、似合っていますね」なんてほめたら、戸惑いながらも「ありがとう」と言われるでしょう。嫌いな人から、好かれるかもしれません。**嫌いな人がいなくなればストレスがひとつ減る**ことにもなります。

# 15

# 夜、眠る前に4コママンガを読む

「夜」という時間は、どうしても心が暗くなりがちです。太陽が出ていないので、暗いのは当たり前。灯りはつけるけれど、眠るときには消します。真っ暗になると、それだけで不安な気持ちになります。家族と暮らしていても、眠るときには1人です。1人暮らしならなおさらです。ネガティブになっているときに、どう眠るかが問題です。

昼間、嫌なことがあると心がふさぎこみます。すると、悪いことを考えてしまい、眠れないこともあります。昼間のストレスのせいで、夢にうなされることもあります。

そんな暗い心に、灯りのスイッチを入れるのです。

仕事のトラブルでつらくてつらくてたまらないことがあったときの話です。何とか熟睡してスッキリと朝を迎えたいと思いました。そこで、夜、眠る前に、『トムとジェリー』のビデオの中から、お気に入りの1話を見ました。アハハッと笑って、心を明るくしてから布団にもぐり込もうという作戦です。

たしかに、ある程度の効果がありました。でも、ひとつだけ悪い点に気づきました。ビデオを消すと、その瞬間、急に静かになるのです。スイッチを切ったとたん、何だか寂しさに襲われたのです。

そこで、考えたのが、布団の上で4コママンガを読むという方法です。以前は、『サザエさん』でした。今は、新聞で連載中のマンガを単行本化した植田まさしさんの『コボちゃん』を愛読しています。

まるまる1冊読むわけではありません。ほんの5つか6つ。「今日は、嫌なことがあったなあ」という日には10個くらい読むこともあります。

大笑いするわけではないけれど、思わず**クスッとほほえんで心が温かくなります**。その瞬間に、**ネガティブ→ポジティブに心のスイッチが切り替わります**。**ハッピーになった勢いで眠る**のです。

16

ネガティブ対策①

# 「難しい」という言葉を口にしないと決意する 出そうになったとき、グッと堪える

これは、私の長年の主治医である堀田医院院長・堀田忠弘先生（京都市伏見区）から教えていただいた方法です。

堀田先生は、西洋医学と東洋医学の両面から難病の治療に当たられ、心のケアにも重点を置かれています。患者さんの話をじっくり聴き（なんと1時間！）、適切なアドバイスをしてくれます。私の場合には、「生き方」を直すようにと数々の指導をしていただきました。

以前、ストレスまみれで、体調を崩したときのことです。その原因である仕事のトラブルや社内の人間関係について、先生にお話をしました。黙って聴き終わった後、堀田先生はズバリ！　私に指摘したのでした。それは、「『難しい』という言葉を口にしない

ようにしなさい」というものでした。

え!?　最初は、何のことを言われているのかわかりませんでした。

「あなたは、『難しい』という言葉が口癖になっている」

そう言われてハッとしました。私自身、まったく気づいていませんでした。そういえば、先生に、「玄米菜食を中心にした食事にしなさい」と言われれば、「玄米はおいしくないので難しいです」と答え、「風邪を引いたときには、仕事のことは忘れて会社を休みなさい」と言われたら、「仕事の締め切りがあるので、それは難しいです」と答えていました。

思い返すと、家庭でも会社でも、ついつい「難しい」という言葉を使っている自分に気づいたのでした。

「難しい」と言わない。それは簡単なようで、これほど「難しい」ことはありませんでした。「むずか…」とまで言いかけて、ハッとします。その繰り返し。でも、今では慣れて、「難しい」とは言わなくなりました。

すると!!　あら不思議！　**心が軽く**なったのです。そう、**「難しい」と発することで、自らネガティブ要因を作っていた**のですね。

「難しい」と言いそうになったら、グッと堪えてみてください。

ネガティブ対策②

# 新聞、テレビの悪いニュースは見ない

17

「ポジティブになろう！」

と誰もが言います。でも、そこで、ちょっと待った！

ポジティブになる前に、**まずはネガティブにならないようにする**ことが大切です。

世の中は、ネガティブな情報であふれています。放っておくと、自然にネガティブ情報がどんどん飛び込んできます。新聞を広げれば、暗い話ばかりが載っています。災害、殺人・盗難などの犯罪、汚職、食品偽装事件、倒産……。見ているだけで、気が滅入ってしまいます。

そうです。「ニュース」と言われるものの大半が、ネガティブな内容なのです。

その最たるものが、テレビのワイドショーです。これはもっとも性質が悪い。人の不幸を楽しんでいるような雰囲気すらあります。「人の不幸は蜜の味」と言います。他人の不幸をネタにして視聴率を稼いでいると言ったら言い過ぎでしょうか。

そんな、日常で何気なく目にしている情報が、知らぬ間に心を蝕んでいきます。「悪いニュース」は見ないようにしましょう。

でも、情報は知りたい。それなら、テレビのニュースを見ていて、暗い話になったらチャンネルを変えてしまう。スイッチを切る。また、「消音」ボタンを押して、次の話題になるまで聞かないようにする、という方法もあります。

新聞なら、三面記事を読まない。仮にページを開いても、サッサッと大見出しだけを目で追って読み飛ばすのです。

ネットで何かを検索しようと思うと、必ずどこかのポータルサイトを利用しなくてはなりません。すると、最新のニュースがテロップで流れたりします。

「○○が離婚」とか「どこどこで遺体発見」などと。ここで、うかつにクリックしてはいけません。『2ちゃんねる』を覗くなんてもってのほかです。

**マイナスの情報に触れない**ようにしましょう。

ネガティブ対策③

# 18 「雨の日」、「深夜」、「疲れているとき」には悩みやトラブルについて考えない

こんなトラブルをよく耳にします。

メールでやりとりをしていたら、相手とケンカになってしまった。最初は、友達の相談事からはじまり、親身になってアドバイスをしたつもりが怒らせてしまった。

「あなたのために真剣に考えたのに何よ！」

と打ち返したら、

「絶交だ！」

と返信が来てびっくり。仲の良い友達なのに、どうしてこんなことになってしまったのかわからない、というのです。

その原因は、「夜」にありました。夜は誰でも疲れています。自分では「大丈夫」と思っていても、無意識のうちに身体にも心にも疲れが溜まっているものです。そんな状

態で大切な話をしても、ろくな考えは浮かびません。また、どんなに親しくても「言ってはいけないこと」もあります。とくに深夜は、ものごとを冷静に判断できなくなっているので要注意です。

夫婦ゲンカをしてしまうのも、「夜」が多い。旦那は1日仕事で疲れて帰ってくる。今日もノルマを達成できず、上司に発破をかけられた。ようやく、家に帰ってホッと一息。ビールでも飲んで憂さを晴らそうとしていたところへ、奥さんが子供の相談をしてくる。昼間あった家の出来事を聞いて欲しくて待ち構えていたのです。

「そんなこと、自分で考えろ」「ちゃんと聞いてよ！」と言い争いになってしまう。2人とも疲れているので、我慢の糸が切れてしまうのです。

ネガティブになる原因である悩み事やトラブルは、**「夜」に考えてはいけません**。良いアイデアが出るどころか、「ダメだ」「つらいなぁ」と、逆に落ち込んでしまいかねません。

また、**「雨の日」や「疲れているとき」にも考え事や、相談事はしない**ようにしましょう。もし、考えそうになったら、「あっ、いけない。明日また考えよう」と**心を切り替えて寝てしまう**ことです。

19

ネガティブ対策④

# 嫌な人に近づかない仕方なく会う場合には、用件がすんだら逃げるように遠ざかる

私たちは幼い頃から、真面目で勤勉であることを教えられてきました。困難に出会ったら立ち向かう。苦しくても決して諦めない。それが日本人の美徳でもあります。著名人に座右の銘をたずねると、「努力」「あきらめない」「艱難辛苦」「臥薪嘗胆」といった言葉が返ってきます。

でも、誰もが強い人間とは限りません。

いや、ほとんどの人は心が弱いのです。だから、頑張り過ぎた結果、「うつ」になる人が増えています。もっと、自分にやさしくなってもいいのではないでしょうか。**今の自分を許してあげてもいい**のではないかと思うのです。

そこで提案です。

**心がネガティブになるような嫌なことがあったら、逃げたりサッとかわす**ことを覚えましょう。ストレスのほとんどは人間関係から生まれます。つまり、人付き合いです。例えば、どうしても自分と合わない「嫌いな人」がいたとします。ここで、私たちは、ついつい「きっと話せばわかり合える」とか「私の努力が足りないのだ」と思ってしまうのです。

日本人はほぼ単一民族なので、道徳観念から「人は話せばわかる」と無意識のうちに刷り込まれてきています。

しかし、そんなことがあるわけがありません。「通じない人」には「通じない」。わかり合えない人は大勢存在するのです。だって、みんなそれぞれ何十年も違った人生を歩んできたのですから、わかり合えなくて当たり前です。

だから……それこそ、直感で**「嫌な人だな」と思ったら、できるだけ近づかない**。どうしても会わなければならないのなら、その人といる時間を最低限にして、用事がすんだらサッと帰る。**ポジティブになるには、まずネガティブの原因を絶つ**ことが第一歩なのです。

右か左か？
あなたが今、
選んだほうがベストである。
過去も、現在も、未来も

Lesson 2

# 言葉遣い

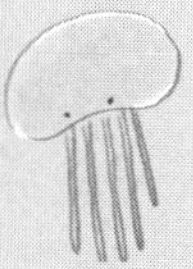

「心のポジティブ・スイッチをオン！」にするもっとも簡単な方法、それは言葉です。言葉を変えれば、心も変わる。私たちは、無意識に言葉を使っています。そこが問題です。何も考えずに「ネガティブになる言葉」を使ってしまっているのです。

そこで、本章では「言葉遣い・口癖」にスポットを当てます。例えば、「ありがとう」です。

「ありがとう」は魔法の言葉。「ありがとう」が口癖になって自然に出てくると、どんなことにも（一見マイナスの出来事にも）感謝の心が湧き、ポジティブになれます。「ありがとう」は、最大の「ポジティブ言葉」なのです。

「ありがとう」の使いこなし方①

01

# ほめられたら、謙遜せず、素直に「ありがとう」と言う

日本人は、古くから謙虚な民族です。例えば、訪問先へお土産を持って行くとき、「つまらないものですが」と言って渡します。本当に「つまらないもの」であるわけがありません。相手も、そのことを承知していて、「結構なものを頂戴して、ありがとうございます」と言います。

それと同じで、人からほめられても、「いえいえ、とんでもありません」「まだまだの人間です」と否定します。謙遜をするのです。もしここで、「そうでしょ！」などと言ったら、慢心していると思われてしまうでしょう。

茶道を習っていたときの話です。

熱心に通い、少し作法が身についてきた頃、帰り際に先生に声をかけられました。

「志賀内さん、なかなかサマになってきましたね」
と。ちょっとうれしくなり、こう答えました。
「いいえ、とんでもございません」
そのときでした。先生の高弟に厳しい口調でたしなめられたのです。
「それは先生に失礼でしょう。そういうときには、〝ありがとうございます〟と言うものです」

私には、それが理解できず、口にはしませんでしたが憤懣としました。「ありがとう」と言えば、ほめられて「はい」と受けることになる。それは謙虚とはほど遠い、思い上がりと受け取られてしまうのではないかと考えたのです。

後年、私の考えが間違っていたことに気がつきました。奢ってはいけませんが、**ほめられたら、それを素直に受ける**ことこそが大切なのだと。

あまりに謙虚過ぎると、卑屈になったり自信を失くしてしまいます。ついつい、自分自身の心をネガティブにしてしまう一因となるのです。

いばる必要はありませんが、**相手の言葉をそのまま素直に受け止めて、感謝の気持ちで答えればいい**のです。「努力家ですね」とか「頑張ったね」と言われたら、ニッコリ笑って「ありがとう」と言いましょう。

「ありがとう」の使いこなし方②

# けなされたり、叱られたら「ありがとう」と言って聞き流す

02

先ほどもお伝えしたように、ストレスの多くは、人間関係から生じます。上下の関係なく、ひどいことを言われれば傷つきます。接客の仕事をしていれば、お客様から怒鳴られることだってあるでしょう。

私は以前、金融の仕事をしていました。お金を扱っていることもあり、たいへん気を遣う仕事でした。それ以上に、お客様とのお付き合いにも神経をとがらせていました。お客様のほとんどが、資金繰りに困っている会社の社長さんです。彼らはいつもイライラしていて、何か不都合なことがあると感情を爆発させました。クレームを受けるのは、日常茶飯事でした。

そんななかでも、平然としている同僚がいました。決して、お客様をないがしろにしているわけではないのです。でも、どんなに罵詈雑言を浴びせられても、3分後にはい

つもの仕事に戻っているのです。私は、彼に聞きました。

「あんなヒドイことを言われて、どうして平然としていられるの？」

と。すると彼は、

「その場で、『ありがとう、ありがとう』と心の中で呟いているんだよ。そして、言われた言葉を**全部聞き流す**。まともに受けていたら、おかしくなってしまうからね」

と答えたのです。

例えば、上司に叱られたとします。

「ありがとうございます」

などと答えたら、相手は「え!?」と言葉に詰まってしまうでしょう。さらに、

「また教えてください」

などとつけ加えたら、それ以上のことは言えなくなります。心の中では、

「素直な可愛いヤツだなあ」

と思われるに違いありません。

夫婦や友達との間でも同じです。親しい間柄の場合こそ、厳しいことを言われると反発したくなるもの。そんなとき、「ありがとう、指摘してくれて」と言うのです。

**「ありがとう」は、つらい言葉を聞き流せるようになる魔法の言葉**です。

「ありがとう」の使いこなし方③

# 物を買ったり、タクシーに乗ったり、こちらがお客様の立場でも「ありがとう」と先に言う

03

「ありがとう」が、いい言葉でポジティブになれることは誰もが認めています。でも、なかなか使う機会がない、と思うのも事実です。「ありがとう」を自然に口に出せるようになり、口癖にできる練習方法があります。それがコレ！

コンビニで買い物をしたとき、レジでニッコリ笑って、「ありがとう」と言ってお金を支払うのです。

本来は「ありがとうございました」と言うのはお店の店員さんの方です。そんなとき、相手よりも先に、こちらが言うのです。「え!?」と驚いて、戸惑いながらも慌てて、「あ、ありがとうございます」と返事をするアルバイトさんもいます。

タクシーを利用するときも同じ。

乗車してすぐに、「助かりました。ありがとう」。

運転手さんは、日頃からお客さんとのトラブルで疲れています。そのため、「何て、上品な人なんだろう」と心の中で感心してくれます。もちろん、降車するときにも、「ありがとう」と言う。レストランでの食事も同じです。

こちらは、お金を支払うということで、相手よりもエライ（?）立場かもしれませんが、それでも「ありがとう」と言う。「物を買わせてくれて、ありがとう」「食べさせてくれて、ありがとう」と。

これが、自然に言えるようになると、知らぬ間に**「生き方」そのものが変わります**。いつも誰にでも感謝できることで、**心に余裕**ができます。**幸福感で満たされて、明るくなる**のです。

大阪では、これが日常的に行なわれています。商店街で買い物をすると、お客さんが「おおきに」と言います。だから、大阪のオバチャンはポジティブで元気なのかもしれませんね。

「ありがとう」の使いこなし方④

# 04 「大丈夫？」「疲れてるんじゃない？」「元気出せよ！」と心配して声をかけられたら、素直に「ありがとう」と答える

人は、同情されたと思うと、ついつい意地を張りたくなるものです。それが、会社の同期だったり、ライバルだったりするとなおさらです。「大丈夫？」と言われると、「大丈夫だよ、放っといてくれ」とか、「疲れてないよ、まだまだ頑張れるさ」と突っ張りたくなります。

サラリーマンをしていた頃、かなり頑張り屋の同僚がいました。いつも残業をしていました。彼の身体のことが心配になり、「たまには早く帰ったら」とか「休暇はちゃんと取ってる？」と何度も言いました。しかし、「大丈夫」としか答えません。ひょっとすると、私のことをライバル視していて、少々突っ張っていたのかもしれません。

彼は、その挙句、病に倒れました。しかし、私はそのことを笑えませんでした。なぜなら、私も仕事のし過ぎ、人間関係のストレスで倒れたからです。後から思うに、私も何人もの人から、「大丈夫？」と声をかけられていました。

人から心配してもらったり、温かな言葉をかけてもらったら、すかさず「ありがとう」と言いましょう。「大丈夫？」「疲れてるんじゃない？」「元気出せよ！」などと、声をかけられたら、何よりも先に第一声は「ありがとう」と答えるのです。

「ありがとう」と言ってみて、自分自身でハッと「気持ちがいいなあ」ということに気づくことでしょう。

それはなぜか。「素直」になれたからです。**人の心を受け入れることで、頑なになっていた心がやわらかくなる**のがわかります。

**「素直さ」は、ポジティブな心を生み出す原動力**です。

人は誰もが、自分を大きく見せたがるものです。でも、見栄を張る必要はありません。人間、つらいときも、苦しいときもあります。だから、弱音を吐いたってかまわないのです。

意地を張るのもほどほどにしましょう。カッコなんてつけなくてもいいのです。心の鍵を外すのです。「ありがとう」の一言で。

「ありがとう」の使いこなし方⑤

05

# 病気やケガ、トラブルなどの悪い出来事にあったときにも、「ありがとう」と言う

これは、「ありがとう」の使い方のトップクラスのレベルであり、かつ一番難しいケースです。これができるようになったら、もう「ありがとう」のスペシャリストです。

普通、「ありがとう」は、人から何かをしてもらって、「感謝」の心を伝える場合に用います。何か親切にしてもらったり、何か物をもらったりしたときです。ところが、自分に病気やケガ、トラブルなどの「不幸」なことが起きたときにも、「ありがとう」と言いましょう、というのですから、多くの人に「そんなの変だ」と思われても仕方がないかもしれません。

もし、風邪をひいて咳が止まらなくて苦しいとします。そんなときには、「高熱が出なくて、ありがとう」「看病してくれる人がいてくれて、ありがとう」「勤めを早退できて、ありがとう」「食事を摂ることができて、ありがとう」などと、不幸中の幸いだったと感謝して、**心をプラスに切り替えて「ありがとう」と言う**のです。

つらいとき、苦しいとき、「ありがとう」なんて言えないことはわかっています。
でも、あなたの今までの人生を振り返って考えてみてください。
例えば、受験に失敗して、希望の学校へ行けなかった。そのときには、「もう人生は終わりだ」というくらいに落胆して泣いたかもしれません。でも、その学校で、無二の親友と出会うことができた。そう、失敗のおかげで、つらかったおかげで、友達との出会いという「良いこと」が起きたのです。

病気をしたおかげで、家族の愛をたしかめられることもあります。一見、**マイナスに思える目の前の出来事も、後でよくよく考えるとプラスに転じる「きっかけ」であることに気づく**のです。

目の前に起きた、どんなつらい出来事もすべて一緒。**考え方・ものの見方を180度「良い方向」へ変える「言葉の道具」が「ありがとう」**です。
「ありがとう」で、「ネガティブ→ポジティブ」のスイッチが入ります。

# 06 おかげさま

「おかげさま」は、「ありがとう」を超える、ハイパークラスの感謝の言葉です。「ありがとう」は、たいていの場合、特定の人に対しての感謝の気持ちを表わすために使います。「プレゼントをくれてありがとう」「親切にしてくれてありがとう」など、自分が何かを「受けた」ときに使います。

「ありがとう」の反対語をご存じでしょうか？

「明るい」の反対語は「暗い」。「うれしい」の反対語は「悲しい」。「ありがとう」の反対語は……。反対語辞典を引いても載っていません。これは国語のテストではなく、心のテスト問題です。

正解は、「当たり前」です。それはなぜか？　人間、どんなことでも当たり前だと思うと、感謝できなくなります。感謝できるということは、それが「当たり前」のことではないと思えるからです。

そんな、一見「当たり前」と思えることに感謝する言葉が、「おかげさま」なのです。

例えば、こんなこと。

「おかげさまで、今日は天気が良い」「おかげさまで、住む家がある」「おかげさまで、自分の足で歩ける」「おかげさまで、風邪が治った」……。

普段、そんなことは当たり前であり、普通だと思って忘れています。

実は、私たちは、毎日これに似た言葉を必ず使います。それは、「いただきます」と「ごちそうさま」です。

食事の前に「いただきます」と言います。作ってくれた人に言っているだけではありません。もっと深い感謝の意味が含まれています。「お米を作ってくれた農家の人に、いただきます」「肥料を作ってくれた人にも、いただきます」「町まで運んでくれた人にも、いただきます」「お天道様にも、いただきます」

ご飯を食べるとき、自然に口に出るように、**いつでもどこでも「当たり前」のことに「おかげさま」と言う**ことを、口癖にしましょう。**感謝の心は、元気の源**です。

# 07 おめでとう

人は、人のおめでたいことにはジェラシーを感じるものです。

それは人間だから、仕方のないことです。

でも、ここで「悔しいなあ」「なぜ、アイツが」「羨ましいなあ」などと口にしたら、自分がつらくなり落ち込んでしまうだけです。ジェラシーはあって当たり前。でも、そのマイナス感情に左右されてしまうと、心がネガティブになってしまいます。

「人を羨む」という気持ちは、あえて否定もせず責めたりもせずに、**自分自身の頑張りも認めてあげる。決して卑屈にはならない**ということも大切です。

グッと堪えて、友人・知人・同僚など自分の周りの人たちの、どんな小さなお祝いごとも、「おめでとう!」と言ってあげましょう。

それだけで、ポジティブになれます。

例えば、会社の同僚が自分よりも先に係長になったとしましょう。

ここで、心の中の「ジェラシー」が大きくなると、その人に対する「憎しみ」が生まれます。すると、口に出してボヤいたり、悪口を言ったりすることへと発展します。相手の足を引っ張るという行動に移る人もいるでしょう。

そう、負のスパイラルに陥ってしまうのです。そうなると、そこからはなかなか脱出できません。どんどん自分が惨めになります。そういう人は、周りからの評価も下がります。ここでスパッ！　と断ち切るのです。

「昇進おめでとう！　よかったな！」と笑顔で言ってあげる。少々、つらいかもしれないけれど、グッと堪えて。

例をもうひとつ。〝カレシがいない同盟〟の友達の結婚が決まった→本音では素直に喜べない……→ここで、グッと我慢→笑顔で「よかったね、おめでとう！」と言う→結婚式では盛り上げ役に徹する→参加者全員から喜ばれる→心晴れやか！→二次会で、新郎の友達から声をかけられて恋に発展！　なんてことも、あるかもしれません。

自分と人を比較して「羨む」という心は、もっともネガティブに陥りやすい要因のひとつです。**「おめでとう」の一言で、パッとプラスのスパイラルに切り替えましょう。**

# 08 人に好かれる3つの口癖「スゴイな〜」「教えてください」「早速、真似してみます」

人から嫌われたら、当然、ネガティブな気分になります。ポジティブになりたかったら、人に好かれればいいのです。人から好かれれば、明るく元気になれます。

では、どうしたら、人から好かれる人間になれるのでしょうか。

あなた自身が、どんな人を好きになるかを考えてみるとわかります。

「キレイだね」「カッコイイね」「ステキだなあ」

人は、ほめられるとうれしくなります。そう、それが社交辞令でも、ほめられればうれしいものです。**人からされてうれしいことを自分もすればいい**のです。

頼られたり、甘えられたら、「こいつ可愛いヤツだな」と思いますよね。だから、そういう人間の性質を活用して、**人に好かれる言葉を口癖**にしましょう。

まず、「スゴイな〜」と称賛する。ほめてほめてほめまくるのです。

実際に、私の友人に、この「スゴイ」が口癖の人がいます。どんな些細なことでも、「スゴイ、スゴイ」と言う。人が旅行に行った話をしても「スゴイ」、新しい靴を買ったと言っても「スゴイ」と言う。喫茶店に入っても「スゴイな〜、いい店知ってるねえ」……。ここまでくると、いかにも嘘臭い。でも、何だかうれしい。

今では、ちょっと元気のないとき、「ほめられたい」という理由で会ったり、電話をしたりするほどです。

もし、会社で働いているなら、「スゴイな〜」の次は、「教えてください」と言ってみてください。そう言われた人は気分がよくなります。教えるということは、先生になるということだからです。相手はますます調子が出ます。

そこで、すかさず「早速、真似してみます」とトドメのひと言。これでもう、誰もがあなたのことを好きになるはずです。

さらに、これには大きな副産物があります。まず、相手の「いいところ」を探さないとほめられません。**「いいところ探し」をしていると、心が知らぬ間にポジティブになる**、という大きなオマケもひとつついてくるのです。

この3つの口癖は、自分の心まで変えてくれるのです。

# 09 人間だもの

質問です。あなたは、次のどのタイプに当てはまりますか？

A　人に厳しく、自分にも厳しい
B　人にやさしく、自分には厳しい
C　人に厳しく、自分にはやさしい（甘い）
D　人にやさしく、自分にもやさしい（甘い）

今回、問題とするのは、Bのタイプの人です。

人にやさしいということは、心が広いということです。仕事で部下や同僚がミスをして、自分に迷惑がかかっても、「いいよ、いいよ」と簡単に許してしまう人。言い換えれば、人の過ちを許せる広い心の持ち主です。

同時に、自分には厳しくて、ちょっとしたトラブルがあると「私の責任です」と何でも1人で背負ってしまう。

そんな人は、人からは好かれるかもしれませんが、知らぬ間にストレスが溜まっている恐れがあります。このタイプの人は、身体も心も強靭で自信を持っています。だから、ストレスが心の中に溜まっていても「まだ大丈夫」と思い込んでしまいます。その心の疲れがピークに達したとき、バタンと倒れてしまうのです。

たいへん真面目な人によくある話です。

ここで、登場するのが、ご存じ相田みつをさんの有名な詩の言葉です。

――つまづいたっていいじゃないか　　にんげんだもの――

『にんげんだもの』相田みつを著（文化出版局）

ネガティブな精神状態に陥る原因のひとつは、自分に厳し過ぎて、自分を責めることです。ちょっとつらいことがあったら、たまには、「にんげんだもの」と**自分を許してやる**ことも大切です。**自分に甘えてもいい**んです。自分を許してあげましょう。

Bのタイプを〝変格活用〟するのが理想です。人にやさしく、自分に厳しく。でも、ときどき気を抜いてリラックス！　でいきましょう。

# 10 明日があるさ！

トラブルや失敗が続くと、心の中にこんな症状が現われます。

- この最悪の状態が、未来永劫ずっと続くのではないかと感じる
- 心の中が真っ暗闇になり、希望の光が見えない
- 論理的に説明のつかないモヤモヤや不安感でいっぱいになる

そして、何とか逃れたいともがきます。このような状態のときは、どうしたらいいのでしょう。

私たちは先生や親から、こんなことを言われて育ってきました。

「今日できることは、今日のうちにやりなさい」

「問題は、明日に持ち越さない」

たいへんすばらしい考え方です。成功のひとつのキーワードです。でも、その生真面目さが、ネガティブな心にさらに追い打ちをかけます。

そこで、この一言！

「明日があるさ！」

決して、無責任に言っているわけではありません。**明日になったら、「時」が解決するということもある**のです。**誰かが助けてくれることもある**のです。

長い人生の中で、いくつもの苦難と戦っていると、経験則からこんな真理を学びます。

- あれほど心配したけれど、結局は取り越し苦労だった
- 焦ったり悩んだりしている真っ最中にいくら考えても、いいアイデアは生まれない

どんなに悩んでも、苦しんでも、つらくても、明日という日は必ずやってきます。明けない夜はありません。**泣いても1日、笑っても1日**。

それなら、明日という日に希望をつなぎましょう。では、もう一度ご一緒に！

「明日があるさ！」

11

# 意識して、いつもより大声で「いらっしゃいませ！」「おはようございます！」を言う

元気のない人は、一緒にいるとすぐにわかります。

声が小さいのです。でも、自分で自分のことは、なかなかわからないものです。「元気ないんじゃない？」と声をかけられて、初めてハッと気づきます。「元気出せよ」と言われたらうれしいけれど、そう簡単に元気になれるなら苦労はしません。そういうときには、**「カラ元気」を出す**のです。

「カラ」ですから、心はネガティブのままです。外見だけで、中身が伴っていなければ意味がない？　いえいえ、そんなことはありません。まずは外見の「形」からはじめるのです。

日本文化の象徴である茶道は、「形式美」にその「本質」があると言われています。

茶室へ入るときの立ち居振る舞いひとつとっても、座り方、立ち方、歩き方、扇子の置き方、お辞儀の仕方と、こと細かに「作法」が決められています。その「形」を覚えてきわめることで、「茶の湯の心」が知らぬ間に身につくのです。つまり、外見から入り、内面を変えていくわけです。これは、華道、香道などの芸事のみならず、柔道、剣道などの武道にも通じる心です。

接客の仕事なら、お客様にいつもより大きな声で「いらっしゃいませ！」と言ってみましょう。

職場でも、学校でも、人に会ったら大きな声で「おはようございます！」と言ってみましょう。相手は、あなたと同じテンションで返事を返してくれるでしょう。なかには、「え!?　今日はやけに元気だね」と聞いてくる人もいるでしょう。ちょっと恥ずかしいかもしれません。でも、それは最初だけです。

中身はそうでなくても、**元気な挨拶という「形から入る」**のです。

自分で、自分の声の大きさに驚くかもしれません。「あれ!?　オレって、けっこうイケルじゃん」と。

**気がつくと「ホンモノ元気」になっています。**

12

# 返事は、大声で「はい！」

「はい」は、普段の生活で、何気なく使っている言葉です。

人に名前を呼ばれたら「はい」。「できますか？」と聞かれたら「はい」。それこそ、無意識に使っています。実は、この「はい」には、とても深い意味があるのをご存じでしょうか。

春日大社の宮司を務めていらっしゃった故・葉室頼昭さんは、「はい」の「は」には、「よみがえる」という意味があるとおっしゃっています。

「は」を漢字に置き換えると、「葉っぱ」の「葉」。炭酸ガスを葉緑素で酸素によみがえらせている。そして、「い」というのは、「命」の「い」。古来、日本の文化の源にある「稲」は、「命の根っこ」という意味だといいます。つまり、「はい」とは、命をよみがえらせるということになります。

「何を非科学的な」とか「それは宗教の話ではないの？」と思われる方も多いでしょう。でも、この葉室さん、平安時代から続く公家の家柄でありながら、大阪大学医学部を卒業された医学博士で、形成外科病院の院長でした。いわゆる科学者ではあるけれど、宗教家でもあり、人の生き方・心の持ち方を大勢の人たちに説いて来られました。そんな葉室さんの話だというと、何だか「はい」という言葉に重みを感じませんか。

「はい！」と大声で言ってみる。すると、

- 背筋がシャンとします
- 自分の声に、心がキリッとします
- 相手の顔色が明るくなります
- 心が「やるぞ！」と決意します

**どうせ返事をするなら、効果があったほうがいい**に決まっています。「うん」とか「ああ」と言うのなら、きちんと「はい！」と答えましょう。

**「はい！」の返事ひとつで、心が元気によみがえります。**

13

# たった1文字「が」にこだわる

## 「〇〇『で』いい」じゃなくて、「〇〇『が』いい」「〇〇『で』よかった」ではなく、「〇〇『が』よかった」

こんな経験はありませんか。

奥さんに、「夕食は、カレーがいい？　それともシチューがいい？」と聞かれて、「カレーでいいよ」と答えたところ、何だか奥さんの機嫌が悪くなった……。

恋人とデートをしたとき、彼に「イタリアンにする？　それともフレンチにする？」と聞かれて、「ランチは簡単でいいわ」と言ったら、「せっかく考えてきたのに」と不満げな顔つきになった……。

原因はどこにあるのでしょう？

それは、「で」の1文字にあります。

「で」は、「どっちでもいい」というネガティブな気持ちを表わす象徴的な言葉です。

例えば、会社で仕事をしているとき、上司から、

「誰にやってもらおうかな～、あっ、君『で』いいからやっておいて」

なんて言われたら、やる気が起きませんよね。

「○○『で』いい」と言われたほうは、何となく投げやりな感じに受け止めてしまいます。それだけではありません。言葉は、人の心を映す鏡です。ほんの一言にも、その人自身の心の声が反映されているのです。だから、「で」を使う本人の心も、知らず知らずにネガティブになっているのです。


これに対して、**「が」は、強い意思表示**が伝わります。

「夕食は、カレー『が』いいな」とか「イタリアン『が』食べたい」と言うと、相手も作りがい、奢りがいが出てきます。

**「が」を使うと、自分の意思がしっかりと明確に**なります。そうです。「が」の裏側には、「一番」とか「ベスト」、「でなければならない」という気持ちが秘められているのです。

「で」と「が」は、たった1文字の違いですが、口癖にするとポジティブになれます。

# 14 「私は私、あいつはあいつ」

人は、なぜネガティブになるのか？

ポジティブになるためには、まずその根っこの理由を追求することが早道です。

「私はダメだなあ」と落ち込む背景には、「他人と比較している」自分がいます。

「友達は就職先が決まったのに、自分はまだ受からない」

「会社の同期の中で、いつも売上げが下の方だ」

「なぜ、あの人ばかりがモテるのか」

……どれも、人と比べるところから来る悩みです。

私たちは、幼い頃から、親や先生に、人と比べられながら生きてきました。「○○ちゃんは、もう九九ができるのよ」「○○君は、△△大学に合格したそうだね」「○○さんは、結婚が決まったんだって」と。

それが、「自分も頑張らなくちゃ」というプラスのエネルギーになればいいのですが、ときに「オレなんて」、「私ってダメね」と自分を卑下してネガティブになる原因になってしまいます。

**自分は自分、人は人。**

いいじゃないですか、他人がどうだって！

ちょっと冷めたアドバイスをしましょう。あなたが、誰かと比べて落ち込んでいるとしましょう。でも、誰もあなたのことなど、見てはいないのです。美人のAさんと比べて「あの子はブスね」とか、仕事のデキるBさんと比べて「あいつはダメだ」なんて思ってはいないのです。

ちょっと寂しいことかもしれないけれど、それが現実です。なぜなら、誰もが忙しくて、誰もに悩みがあり、自分の生活だけで精一杯だからです。人のことなど、比較している暇などないのです。

**もっとあなた自身を大切にしましょう！**

**我が道を行く！**　この一言で、つらい気持ちが楽になります。

私は私、あなたはあなた。オレはオレ、アイツはアイツ、です。

15

# 「快調！　好調！　絶好調！」

先ほども述べましたが、日本人の美徳のひとつ。それが謙虚です。

人から、「調子はどうですか？」とたずねられたら、こう答えます。

「いまひとつです」

「まあまあです」

仮にうまくいっていても、「儲かってます」とか「調子がいいです」とは言いません。

それは、謙虚であることだけが理由ではありません。もし「儲かってます」なんて言ったら、嫉妬されるのではないかと恐れるからです。「奢ってくれよ」などと言われないように予防線を張るのです。

ましてや、本当に会社でミスをして叱られたり、体調が悪いときには、ついつい本音で「さっぱりです」「具合が悪くて」と弱音を吐いてしまいます。

ということは……一年中、四六時中、「調子がいいです」と言うことはない、ということになってしまいます。

古来、日本では言葉には**「言霊（ことだま）」**が宿る、と言われています。いい言葉を口にするといいことが、反対に悪い言葉を口にすると悪いことが起こるという、目に見えない霊力のことです。

だから、結婚式では「切れる」「別れる」という言葉は使わない。受験生に向かって「落ちる」「滑る」とは言わないようにする。単なる「縁起担ぎ」だけではなく、その言葉が、現実になってしまうことを恐れているのです。

横浜ＤｅＮＡベイスターズ監督の中畑清さんは、ジャイアンツ時代から「絶好調！」が口癖であることで知られています。これには、ある日長嶋茂雄監督から「調子はどうだ」と聞かれて、「まあまあです」と答えたところ、コーチから「嘘でもいいから、『絶好調です』と言え」と言われた。以来、それが口癖になったという逸話があります。

**「絶好調！」と口にすることで、自ら心にポジティブ・スイッチを入れる**のです。ウソがマコトになるのです。武士は食わねど高楊枝。落ち込んでいるときほど、「快調！　好調！　絶好調！」を口癖にしましょう！

16

# 「自らの責任で失敗してネガティブになったとき」に効き目あり！

①終わったことさ、忘れた忘れた

②これから、これから！

③まあ、いいか！

④次、頑張ればいいさ

⑤落ちたら、あとは上がるだけ

あるお寺の前を通りかかったときのことです。

門前の掲示板に、サラサラッと達筆な字でこんな言葉が書かれていました。

「ちょっとだけ反省したら、前を向いて歩こう」

このお寺の住職さんが書かれたものでしょうか。住職さんというと、説教をしたりして、ちょっと口うるさく、怖いイメージがあります。それなのに、「ちょっとだけ反省」という、やさしい言い回しに違和感を覚えました。

でも、その違和感とは裏腹に、何だか心がパッと明るくなったような気もしました。ちょうどそのとき、私は仕事でミスをしたことで悩んでいました。

まさしく、反省の真っただ中にいたのです。

自分を責めて責めて、「なんで、あんな過ちをしたのだろう」「そのために大勢の同僚に迷惑をかけた」と落ち込んでいました。もう目の前は真っ暗で、考えれば考えるほど自分が嫌になり、どんどん落ち込んでいきました。

その住職の言葉が心に沁みました。**反省ばかりしていても、何も解決しない**。反省することは大切だけど、もっと大切なことがある。それは、その**ミスを活かして、明日への道を再び歩き出すこと**だ！

私には、その墨の文字がそう読み取れました。

誰にも失敗はあります。いや、成功よりも失敗のほうが断然多いでしょう。

真面目な人ほど、自分を責めます。誠実な人ほど、他人に迷惑をかけたことを悔やむものです。詫びても、「いいよ、気にしていないから」と慰めてくれるとは限りません。「反省しろ！」と、冷たく言い放たれることもあるでしょう。すると、また凹みます。

凹んでばかりいては前には進めません。終わったことはサッパリ忘れて、「まあ、いいか！　次、頑張ろう！」と前に歩いて行きましょう。

17

# 「なかなか前向きになれない仕事や何かをする前」に効き目あり！

①簡単、簡単

②好き！

③できる、できる

④どんと来い、来るなら来い

⑤うまくいく

どんな小さなことでも、心に不安のタネがあると、気になって力が湧かないものです。

- 今まで、一度も経験がなくて、できるかどうか不安でたまらない
- 過去に大きな失敗をしてしまい、それがトラウマになっている
- 上司からの指示で、嫌々ながらも仕方なく仕事をやらなくてはならない

そんなときには、一歩を踏み出すことさえできなくて、どんどん不安が募ります。そして、次から次へと問題点ばかりが見えてくるのです。

するとついつい、「失敗したときのこと」ばかりを想像してしまいます。そこまで来ると、もう最悪です。自ら失敗を招き入れてしまうのです。

悪い自己暗示にかかってしまうのです。そんなときは、プラスの暗示をかけましょう。

私が、初めて大きなイベントの主催をしたときのこと。不安で不安でたまりませんでした。もし、お客さんが1人も来なかったら……もし、当日、台風が来て、電車が不通になったら……などと、頭の中で悪いことばかりが湧いてくるのです。

そんなとき、ある人生の先輩が、こうアドバイスをしてくれました。

「**成功のシーンをイメージする**のです。イベント開始1時間前です。会場前には、早くもお客様の長い列ができています。みなさん笑顔で、今日という日を楽しみにしてくれています。はい！　30分前。入場がスムーズに行きました。全員が席に着き、館内は満員御礼です。はい！　イベント開始！　満場の割れんばかりの拍手です。無事に2時間が終わり、皆さん、あなたに『ありがとう』と感謝の言葉をかけてくれています」

「簡単、簡単！　私ならできる。うまくいく！」と、自分に言い聞かせましょう。**どんなことでも、はじめる前に、成功することをイメージトレーニングする**のです。

# 「何をしてもうまくいかなくて悩んでいるとき」に効き目あり！

18

❶気にしない、気にしない
❷なるようになる
❸そういときもあるさ
❹雨の日も、晴れの日もある
❺泣いても1日、笑っても1日

何をしても最悪の状態が続いて、どうしたらいいのかわからなくなってしまったとき。いわゆる「どん底」のときです。その解決策はズバリ！「開き直る」ことです。

例えば会社の中で、ミスをして上司に叱られたとしましょう。落ち込んで、食事ものどを通らないし、夜も眠れない。つらくてつらくて、出るのは溜息ばかり。

ここで、開き直るのです。それは、生きるか死ぬか、命にかかわることでしょうか。いいえいいえ、違いますよね。同僚にどう見られているか、恥ずかしくて仕方がない？いえいえ、それも違います。

**自分が思うほど、他人はあなたの失敗をそれほど真剣に考えてはいません**。もし、同僚が、仕事でミスをしたとしたら、あなたはその人のことを笑いますか。いつまでも覚えていてバカにしますか。そんなことはないはずです。なぜなら、他人のことなど、たいして気にしていないからです。だから、「気にしない、気にしない」。

「心配」とは、まだ何も現実に起きていないことを憂うことです。まだ、起きていないことなのだから、考えるだけ損です。でも、一度「失敗」をすると、「また、次も失敗するんじゃないか」と「心配」してしまう。こんな無意味なことはありません。

そんなときは、「なるようになる」と唱えるのです。人事を尽くして天命を待つ。それでも、失敗することがあります。でもね、人生は決して、すべてが失敗というわけではありません。うまくいったときもあるはずです。プラスのこともあれば、マイナスのこともある。**今回の失敗は「たまたま」**なのです。そうです。「そういうときもあるさ」と開き直りましょう。そして、心のベクトルを前向きに持ち直すのです。

「雨の日も、晴れの日もある」「泣いても1日、笑っても1日」。くよくよしない！　大いに**開き直りましょう**。

# 19 「アンラッキーなことが続いているとき、運気を上げる」のに効き目あり！

①幸せだなあ

②ツイてるなあ

③ラッキー！

④楽勝・楽勝

⑤いいことあるぞ

人生において、アンラッキーな出来事が続くことが、必ずあります。

目の前に起きた出来事の多くは、自分自身に原因があるものです。努力や準備不足、人とのコミュニケーションを疎かにしていたことなどが、自分にはね返ってくるのです。

でも、「これは、どう考えても自分の責任ではない」と思えることもあります。

例えば、大学の入学試験の日に、電車が事故で不通になる、大企業に勤めているのに、突然、不祥事が明るみになり倒産してしまう。自分ではベストを尽くしていても、回避しにくいこともあるのです。

そんな場合の解決策を、占いやスピリチュアルなものに頼ることはおススメしたくありません。でも、世の中には、人智では計り知れないこともあるのは事実です。

「運・不運」について考えたとき、確実に言えることがあります。それは、「共鳴」することです。

**いい物、いい考えは、お互いに「共鳴」して引かれ合います**。ツイている人たちは、ツイている人たちと。幸せな人たちは、幸せな人たちと仲間なのです。

ことわざにもありますよね。「類は友を呼ぶ」と。「運」のいい人は、「運」のいい人たちと友達なのです。これは「引き寄せの法則」とも呼ばれています。

**物事には、それ自身と似たものを引き寄せる力があります**。まるで磁石のように、プラス思考の人はプラス思考の人と引き合うのです。

「幸せだなあ」「ツイてるなあ」「ラッキー！」を口癖にすると、いいことが起きるということです。

「楽勝・楽勝」「いいことあるぞ」と言って、アンラッキーの風を吹き飛ばし、運気を上げましょう。

20

# 「ネガティブになった心と身体を解きほぐす」のに効き目あり！

❶ゆっくり、ゆっくり行こう

❷リラックス、リラックス

❸よしよし

❹いいぞ、いいぞ

❺大丈夫、大丈夫

東洋医学だけでなく、西洋医学の見地からもハッキリしていることがあります。**心と身体は繋がっている**ということです。

多くの病気は、心に原因があります。

大きな仕事に取りかかっていたり、両親など身内の病人の看病をしているときには、風邪をひきにくいといいます。なぜなら、「風邪などひいていられない」という緊張感から自己免疫力が高まり、ウイルスに負けない身体になっているからです。

大きな仕事が終わったり、病人が快癒して退院し、ホッとしたとたんに風邪をひいた経験が誰にもあるのではないでしょうか。

悩み、悲しみ、苦労は心を暗くします。そのストレスは、交感神経と副交感神経のバランスを崩し、全身の血流が悪くなります。その結果、心不全、不整脈、メニエール病などのめまい、胃潰瘍・十二指腸潰瘍、過敏性大腸炎などの下痢、生理不順、うつ病など、引き起こされる病気は数え上げたらきりがありません。

心が固くなると、身体も堅くなります。ストレスで縮こまってしまった心を、解きほぐしましょう。

ネガティブになると、焦ってあたふたしてしまいます。慌てると、失敗を繰り返します。するとまたネガティブになり、負のスパイラルにはまるのです。

そこから脱出するにはどうしたらいいのか。

「ゆっくり、ゆっくり行こう」と自分に言い聞かせ、**心の緊張をほぐす**のです。「リラックス、リラックス」と言い、首や肩をぐるぐる回すのも効果的です。自分の心に呼びかけるようにしてください。そう、心の中の「疲れた顔」の自分に向かって。

さらに、「よしよし」「いいぞ、いいぞ」「大丈夫、大丈夫」と不安を取り除いてあげましょう。**やわらかくやわらかくやわらかく、揉みほぐすイメージ**です。

# 21 「そばにいる友達や家族などに話しかける」と共感して2倍の効き目がある言葉

- ①いい天気だねえ
- ②(映画などを見た後で)面白かったね
- ③(食事をしながら)おいしいね
- ④(何かしてもらったら)うれしいなあ
- ⑤(花や夕焼け、絵や服など何でも)キレイだね

ネガティブな状態にあるとき、誰かに励ましの言葉をかけてもらいたいと思っても、なかなか「今ちょっと落ち込んでいるから励まして」と頼めるものではありません。

そんなとき、**こちらから相手に話しかけることで、ポジティブなエネルギーを生み出す「きっかけ」を作る**のです。

例えば、「いい天気だねえ」。街角で誰かに会ったとき、「こんにちは」「おはよう」の後に続く言葉として口にします。社交辞令的な言葉ですが、これほど共感を呼び会話が

明るくなる言葉はありません。すると、「ホント！　暖かくなりましたね」「よく晴れましたね」などという返事が返ってきます。天候に関するプラスのことを言うと、「そうだね」「ホントに」と肯定される。その共感が心をポジティブにするのです。

「いい天気だねえ」は、**相手から「ポジティブな言葉」を引き出す「誘い水」**です。

友達と映画を見たり、食事をしたときはチャンスです。

こちらから「面白かったね」「おいしかったね」と言う。それも呼びかけるように。「楽しみ」とは、映画や食事そのものにあるわけではありません。誰かと一緒に体感することにあります。終わってから、「よかったね」と共感することに意義があるのです。

仮に、1人で見るとしても、レンタルショップでDVDを借りてきて、1人の部屋で見るのではなく、映画館で見ることをおススメします。なぜなら、誰もが「感動しよう」「笑おう」と思って映画館にやってくる。同じシーンで「おお！」と歓声を上げ、同じシーンで大笑いする。映画館だと、共感して感動もパワーアップするのです。

そこから、さらにレベルアップさせて、何かプレゼントされたら「うれしいなあ」と大袈裟に喜ぶ。何を見ても、「キレイだね」と話しかける。**「そうだね」と同意してもらうことで、無意識のうちに心がポジティブに向かいます。**

# 「相手の行為」をほめる

22

①スゴイ!

②頑張ったね

③やるじゃん

④さすがだね〜

⑤お見事!

つらいことがあると、他人のことどころではなくなります。自分のことで精一杯。

すると、どうなるのか……。エゴに陥ってしまうのです。

誰も自分のことを気にかけてくれない。慰めてくれない。励ましてくれない……。「○○してくれない」という〝くれない病〟にかかってしまうのです。

それは、周りの人にすぐに伝わります。「何かして欲しい」というオーラが出ていると、知らぬ間に人が去っていきます。すると、ますます「○○してくれない」という気持ちに拍車がかかります。

すると、負のスパイラルが起きて、物事がどんどん悪い方向へと進んでいくのです。

どうしたら、それを食い止められるのか。それは、人をほめることです。悩みのない人はいません。ミスを犯さない人もいません。つまり、誰もが「あなたと同じ」人間なのです。ひょっとすると、一見明るそうに見える目の前の友達も、何か真剣に悩んでいる真っ最中かもしれないのです。

自分がつらいとき、他人のことどころではないことはわかります。でも、そこであえて心を目の前の人に向けてみる。そして、ほめてほめて、ほめまくるのです。まず、カンタンなのは、相手の行為をほめること。ひとつ仕事が終わったら「スゴイ!」「頑張ったね」とほめてみる。ちょっと難しいことなら「やるじゃん」「さすがだね〜」「お見事!」。そのとき、ためらったりせず、大袈裟にほめることが大切です。ほめられた人は、間違いなくうれしくなります。すると、あなたに笑顔を向けて「ありがとう」と言ってくれる。すると、あなた自身が**うれしくなり、明るくなります**。人をほめるのは、「情けは人のためならず」と同じで、**自分がハッピーになる近道。すぐに自分に返ってきます**。

23

# 「外見や仕草」をほめる

①ステキだね ②カッコイイ ③笑顔がいいね〜 ④いきいきしてるね ⑤光ってるね

ベストセラー『聞く力』の著者である阿川佐和子さんが、テレビのインタビューでこんなことを言っていました。知り合いのベテラン女性編集者から聞いた話だそうです。

彼女は日頃から、社内の上司（いわゆるオジサンたち）との人間関係に悩んでいたとのこと。あるとき、新人の女性社員が入って来た。こちらは長く仕事をしているのに、オジサンたちとうまくやりとりができない。にもかかわらず、その新人は、最初からオジサンたちと親しげに話をしてスムーズに仕事をこなしている。

そこで、「なぜ、あなたはそんなことができるの？」と聞いてみたそうです。すると、「そんなの簡単です。ほめればいいんですよ」と言う。「何をほめるの？」と聞くと、

「ネクタイがいいです」とか「靴がステキ」とか、「髪型似合ってます」などだとのこと……。たったそれだけのことで、オジサンたちは喜び、そして、仕事がうまくいくというのです。

そうなのです。難しいことはありません。ほめるときには、相手の「いいところ」を探さなければならないのですが、**外見をほめることは誰にでも簡単にできる**のです。

とくに、「ステキだね」は、その典型です。髪型、アクセサリー、服、靴、腕時計、メガネ……。パッと見たモノに、「○○ステキだね」とつければいいだけです。

そらぞらしいほめ言葉は、「歯が浮く」と言いますが、そんなことは気にする必要はありません。ほめられたら誰でもうれしいものです。**ほめられた人は、ほめた人に間違いなく好感を持ちます**。ほめたら、それが自分に返ってくるのです。

男女問わずに使えるほめ言葉が、「カッコイイ」です。

「笑顔がいいね〜」は、相手がクスッとでも、ニヤリとでもした瞬間を狙って言う。普段、あまり笑わない人にこそ効き目があります。

漠然としているけれど、いつでも、どこでも、誰にでも使えるのが「いきいきしてるね」と「光ってるね」です。カンタンでしょ。早速試してみてください。

# 24 ちょっと「心をくすぐる」ほめ言葉

①いいこと言うね～
②感心したよ
③キミのおかげだよ
④みんながほめてたよ
⑤頼りになるなあ

前項で述べたように「外見をほめるといいですよ」と言うと、

「そんな歯の浮くようなことは、恥ずかしくてできません」

と言われることがあります。相手に、「嘘くさい」「お世辞だ」と思われるのが嫌だと。

そんな人にオススメなのが、ちょっと「心をくすぐる」ほめ方です。できれば、その人の内面をほめるのが一番です。

「努力家ですね」

「精神力が強いですね」

など、生き方そのものをほめるのが一番喜ばれます。でも、初対面だったり、付き合いの浅い人が相手では、そこまで理解することができません。そこで！
「いいこと言うね～」と、相手が意見を述べたときなどに、すかさず言うのです。人は、「同意」されると、その人のことを仲間だと思い込みます。少なくとも、「敵ではないな」と察知してくれます。たった一言、「いいこと言うね～」とほめることで、**心をギユッとつかむことができるのです**。

「感心したよ」には、**尊敬の念が込められています**。単なる「同意」ではなく、相手を一段上に立てて仰ぎ見る姿勢が伝わります。こう言われたら、誰でも心の中ではニヤつくものです。

「キミのおかげだよ」は、大勢いる中で、1人をほめるときの殺し文句です。ただし、他の人には聞こえないように、こっそり言う必要があります。

「みんながほめてたよ」で、もうワンプッシュ。自分がほめるのではなく、第三者がほめていたということで、効果は倍増します。

そして、最後に「頼りになるなあ」で、もう**あなたを好きになる**ことは間違いありません。

# 25 「人をほめる」ときに効果的な方法 ほんのちょっとのことで、いつも使う言葉がキラキラ輝く

①言葉の最初に、「いつも」をつける

②語尾に「ね～」をつける

③語尾に「なあ～」をつける

言葉の前に、「いつも」をつけると、言葉をパワーアップして伝えることができます。

例えば、「いつも、ありがとう」。

単なる「ありがとう」だけだと、その場の1回だけのことを指していることになりますが、「いつも」とつけるだけで、「私は、今までもずっとあなたのことを陰で見守っていたんです」という**言葉の重み**が伝わります。

「いつもカッコイイ」「いつもステキだね」などのように、バリエーションは多く、たった「3文字」で効果は10倍にもなります。

それぞれの言葉の後ろに、「ね～」をつけると**優しく温かい感じ**になります。

例えば、「スゴイね～」「キレイだね」と、ほめ言葉につけるだけでなく、「つらいね」「たいへんだね」といった、慰めの言葉にも適しています。

欽ちゃんこと、萩本欽一さんは客席のお客さんの心をつかむ名人です。子供からお爺ちゃんお婆ちゃんまで、みんなを笑顔にします。その秘訣は、「ね」にあります。欽ちゃんは「あら、真っ赤な服着てオシャレね～」「ちょっとお父さん、若いわね」などと、必ずと言っていいほど、語尾に「ね」をつけます。**「ね」には、親しみを感じて心を許してしまう効果がある**のです。

さらに、言葉の最後に「なあ～」をつけると、**相手を尊敬して羨むような気持ち**を伝えられます。

例えば、「スゴイなあ～」「賢いなあ～」などです。

「なあ～」の中には、「私よりもずっと上の人」「とても、あなたにはかないません」という尊敬の念が込められています。「羨望の眼差し言葉」とでもいいましょうか。

ほんのちょっとのことで、いつも使っている言葉がキラキラ輝きます。

# 26 自分自身をほめる口癖

①まあまあかな
②オレだって捨てたもんじゃない
③けっこうイケてる
④これでいいんだ
⑤上には上がいるけど、下には下がいる

ネガティブになるということは、自信喪失に陥るということです。

職場でミスをした。上司に叱られた。取引先で怒鳴られた。仕事をしていれば、つらいことは毎日のように起きます。社会に出たら、つらいことは日常茶飯事のようにあります。先生も親も、誰も助けてはくれない。自分で乗り越えていかなくてはなりません。

そんなとき、ついつい「私なんて」と自分を責めたり、卑下してしまうものです。

世の中、ほめられることよりも、けなされることのほうが断然多い。まともにマイナスの言葉を身に受けていたら、いくら元気のいい人でも参ってしまいます。

肝心なのは、**心の持ち方、立ち上がり方の問題**です。

かといって、そう簡単に、マイナスからプラスには転じられません。**まずは、心をマイナスからニュートラルに持って行く**ことが重要になります。

そこで、落ち込んでいる自分自身に向けて、**自信を持たせる言葉を発する**のです。

「まあまあかな」「オレだって捨てたもんじゃない」「けっこうイケてる」と、ちょっと、自分をほめてあげるのです。ポイントは、「**ウヌボレ**」です。

自分に対して、「頑張れ！」と言うのは、他人に言うよりも難しいものです。できることなら、とうの昔に頑張っているはずだからです。うぬぼれて、心のベクトルを上向き修正する「きっかけ」を作ってやるのです。

他人と比べず、自信を失わずに生きられたら立派だけれども、どうしたって人は、自分と人を比べてしまいます。「これでいいんだ」と、**自分を肯定して認めてやる。**

「上には上がいるけど、下には下がいる」

上ばかりを見るのではなく、ときには下を見て暮らすのも大切です。決して、鼓舞するのではなく、「やんわり」と慰めつつほめてあげましょう。

# 27 他人を意識せず心が楽になる口癖

①みんな一緒

②似たもの同士

③つらいのはオレだけじゃない

④神様じゃないんだから

⑤カボチャかイモばっかり

人はネガティブになればなるほど、「自分は、この世の中で最低だ」と思ってしまうものです。

例えば、あなたに10人の友人がいたとします。Aさんは、書道を習っていて字がうまい。Bさんはピアノが弾ける。Cさんは英語がしゃべれる。Dさんは公務員で生活が安定している。Eさんは税理士資格を持っている……。

そんな具合に、自分にはなくて、友達にはある能力を「羨ましい」と思ってはいませんか？ たしかに、自分ができないことを友達ができると、「自分なんて」と思ってしまうものです。

しかし、その友達だって、スーパーマンではありません。たまたま何かひとつのジャンルに秀でていただけなのです。ひょっとすると、その友達も、あなたの「何か」を羨ましく思っているかもしれません。

ところが、心がネガティブ・スパイラルに陥ると、「人のいいところ」と「自分の悪いところ」の比較ばかりをするようになってしまいます。

悩みがない人間なんていません。誰もがつらいのです。でも、頑張っている。人に「弱み」を見せないだけなのです。あのイチローだって、記録のプレッシャーに押しつぶされそうになって、胃潰瘍になりました。ましてや……。

**他人と比べず、意識せず、気楽に生きる言葉を口にしましょう。**

**「みんな一緒」で「似たもの同士」**なのです。

「つらいのは、オレ（私）だけじゃない」あの人もこの人も同じです。「神様じゃないんだから」欠点だらけです。誰でもミスをします。転びます。それでいいじゃないですか。周りはみんな、「カボチャかイモばかりだ」と思っていれば安心できます。

# 28 ポジティブ「ない・ない」言葉を口癖にする

①心配しない　不安がらない
②疑わない　憎まない
③気にしない　悩まない
④くよくよしない　カリカリしない
⑤競わない　比べない

つらいことがあると、ついつい心が暗くなります。すると、心の中に、モヤモヤと心配、不安、疑い、憎しみ、恨みなどが湧き起こり、マイナス思考になっていきます。

ご存じの映画『スター・ウォーズ』では、暗黒卿ダース・ベイダーも、元々は偉大なるジェダイの騎士でした。なぜ、悪のリーダーへと変身してしまったのか。幼い頃から心の中に潜んでいた、憎しみや恐れに負けて、暗黒面に陥ってしまったからです。

これは、映画の中だけのことではありません。私たちも日頃、暗黒面に陥る危険性をはらんでいるのです。ネガティブになりかけている、と思ったら、すぐさま心をグイッと明るい方向へと向けるのです。

**ネガティブな言葉に「ない」のひと言をつけ加えて口にしてみましょう。**心配ごとが起きたら、すかさず「心配しない、心配しない」と繰り返して唱えます。心の中から、ダース・ベイダーを追い出すのです。

人間関係のトラブルでネガティブになったとします。ついつい、友達や上司が憎くなる。そんなときにも、「憎まない、憎まない」と唱える。そのままにしておくと、人に愚痴や悪口を言うようになり、どんどんマイナス思考が大きく膨らんでしまいます。

仕事でミスをしてしまい、お客様や上司に叱られた。落ち込んで夜も眠れない……。反省することは大切です。でも、悔やんでばかりいても仕方がありません。そんなときには、「気にしない気にしない」「悩まない悩まない」と唱えてみてください。このひと言で、**マイナスへ向かう気持ちにストップをかける**のです。

これを、ポジティブ「ない・ない」言葉と名づけました。ネガティブな言葉に「ない」のひと言をプラスするだけで、キッパリとマイナスを打ち消すことができます。

誰もが、フォースの力を持っています。スカイウォーカーになるか、ダース・ベイダーになるかは、自分の心が決めるのです。

29

# ポジティブ「スイスイ」言葉を口癖にする

①スイスイ　②ホイホイ　③わくわく　④バンバン　⑤どんどん

同音を重ねて、物音や物の様子を表わす言葉を擬音語・擬態語と言います。

そのなかでも、**明るくノリのいい言葉を使う習慣を身につける**のです。それらを、ここではポジティブ「スイスイ」言葉と名づけました。

例えば、「うまくいっています」と言うより、「スイスイいっています」のほうが、心が弾みます。「心が踊るね」と言うより、「わくわくするね」のほうが、本当にわくわくしてきます。

大切なのは、心と身体をリズムに乗せることです。**自分で気分を盛り上げる**のです。心の中にファンファーレを鳴り響かせ、紙吹雪を舞わせるのです。

「スイスイ」は説明する必要もないでしょう。池の中のカエルの平泳ぎをイメージできます。金メダリストの北島康介さんを思い浮かべる人もいるでしょう。

「スイスイできる」「スイスイいってみよう」など、スイスイを口癖にしましょう。身体が何だか軽くなるはずです。

「ホイホイやろう」「ホイホイいける」という語感からもわかるように、「ホイホイ」とは、何だかおどけた雰囲気の言葉です。お調子者で、ちょっとおバカなイメージ。実は、それが肝心なところです。真面目な人が、不真面目になることで暗い心の壁が取り払われるのです。おバカになるということは、悩みも苦しみも忘れられるということです。

「わくわく」は、何かをはじめる前に、もってこいの言葉です。「わくわくするね」と口にするだけで、自分自身を高揚させることができます。日頃の仕事に取り組む前にも、「不安だなあ」という気持ちを「わくわくするなあ」と口にして吹き飛ばしましょう。

　仕事と言えば、営業にはノルマがつきものです。上から与えられた数字だと思うと気が滅入ってきます。そこを「バンバン売ります！」「どんどん仕入れてください」と口にすれば、職場全体が明るくなり、やる気も湧いてきます。

# やり直せば いいじゃないか

Lesson 3

# 行動

「心のポジティブ・スイッチをオン！」にする方法の3つ目では、「行動」にスポットを当てます。「行動」とは言っても、登山やマラソンなど過酷なものはひとつもありません。今すぐにできる簡単なことばかりです。それこそ、5秒か10秒。なかには、一瞬のアクションもあります。

変化は、一瞬でできます。自分を変えようと思ったら、誰でもすぐに変わることができます。ただ問題なのは、せっかく変わることができても、すぐに元に戻ってしまうことです。

ぜひ、オンに切り替わったスイッチが、再びオフにならないように、本章で紹介する方法をあれこれと何度も何度も繰り返してください。

# 01 腕を大きく振って、「1、2、1、2」とリズムを取ってスタスタ歩く

Lesson1で、セロトニンという神経伝達物質の話をしました。

太陽の光を浴びると、セロトニンが脳から放出されて、心の不安や緊張を取り除いてくれたり、自律神経を適度なレベルに保てるようになる、というものです。

実は、他にもセロトニンを活性化させるための簡単な方法があります。

それは、**リズム運動**をすることです。

難しいことではありません。ストレッチやラジオ体操、ダイエットを目的としたエクササイズのビデオなど、たいていの運動の中にはリズムが取り込まれています。

パートごとに「1、2、1、2」とか「1、2、3、4」など、拍子を取ります。どの運動にも共通しているのは、身体でリズムを取って同じポーズを繰り返すことです。

すると、知らず知らずのうちに、リズム運動をすることになるのです。

でも、問題がひとつ。どんな運動でも、長く続けられるかどうかです。三日坊主では効果がありません。

それを解決するもっとも簡単なリズム運動があります。それは「歩くこと」です。わざわざ散歩に出かける必要はありません。通勤や、買い物に行くとき、「1、2、1、2」と心の中でリズムを取り、大きく腕を振って歩きます。

春山茂雄先生は、ベストセラー『脳内革命2』の中で、「ピノキオ歩き」というものを紹介しています。歩幅を大きく、足を踏み出すとき、かかとから入る。膝は曲げずに競歩のようなピノキオ歩きをする。爪先で地面を蹴る感じで足を突っ張る。これにより、足の前と後ろ側の筋肉が伸び、脳の神経が刺激されるといいます。

「1、2、1、2」と呟きながら歩いていると、ふと気づきます。**頭の中が空っぽになっている**ことに。少し余裕が出てくると、垣根の花や木々に留まる鳥など、周りの景色に目が行くようになります。それは、**心のモヤモヤが晴れた証拠**です。

さあ、歩いてみましょう！

# 02 鏡に向かって7回大声でかけ声をかける「ヨシ！　ヨシ！　ヨシ！　ヨシ！　ヨシ！　ヨシ！　ヨシ！」

つらくてつらくてたまらない。

学校や会社へ行きたくない。部屋に籠ってじっとしていても、誰も助けてくれない。励ましてはくれるかもしれませんが、実際に、手助けをしてくれる人は少ないものです。一番の頼りは家族ですが、関係が近すぎるとついつい甘えてしまい、反発してしまうこともあります。つらいけれど、自分で自分を助けるしかないのです。

頑張り過ぎている人は、**頑張らないことも大切**です。身体を壊しては元も子もありません。でも、頑張らなくてはならないときもある。かと言って、自分に向かって「頑張れ！」と言うのも難しいものです。

そこで、提案です。**自分で自分に「喝！」を入れて励ます方法**です。

野球やバレーボールなどの球技では、試合のはじまる前やピンチのときに円陣を組みます。チーム全員が右手を出して、

「ファイト〜ゼ、オー！　ゼ、オー！　ゼ、オー！」

と声を揃えてかけ声をあげる。**テンションを高めて、ポジティブな心を最高値に持って行く**のです。

でも、1人だけで円陣は組めません。そこで、鏡の前で、鏡に写ったもう1人の自分と2人でやるのです。もし三面鏡なら、大勢が集まります。

「ヨシ！　ヨシ！　ヨシ！　ヨシ！　ヨシ！　ヨシ！」

もちろん、「ファイト〜ゼ、オー！」でも「ファイト〜一発！」でもかまいません。自分で自分を、鼓舞するのです。

7回である必要はありません。10回でも20回でもいいけれど、1回や2回ではなく、最低7回は声をかけましょう。

さあ、プレー再開です！

# 03 鼻歌を歌う、口笛を吹く

人は、無意識のうちに何かの仕草をしていることがあります。

それが「癖」です。恥ずかしいとき、頭や鼻をかく。イライラするとき、貧乏ゆすりをしたりペンを指で回す。自分では気がつかず、友達から言われてハッとすることがあります。

同じように、ウキウキして機嫌のいいとき、多くの人が知らぬ間にやっていることがあります。「鼻歌」です。歌おうとして歌っているのではない。歌詞をきちんと覚えているわけでもない。それなのに、「フンフン」とか「ララ～」などと口ずさんでいる。気がつくと、同じフレーズを何回も繰り返しているときがあります。

たいてい、テレビのＣＭソングだったり、昔好きだったうろ覚えの曲だったりします。

そうです。「機嫌がいい」（ポジティブ）→「鼻歌」というように、心が無意識に「鼻歌」という行動に移しているのです。

Lesson1の習慣03で、「作り笑いでもいいから笑う」という方法を提案しました。**無理にでも「笑う」ことで、「楽しい」というポジティブ・スイッチが入る**わけです。心と頭は、「逆も真なり」という構造になっているのですね。

ということは……行動（鼻歌）を起こして、心に逆スイッチを入れてポジティブになればいいのです。つらいときや、悩んでいるとき、落ち込んでいるときに、あえて鼻歌を歌うのです。

ちなみに私は、よく歌を口ずさみます。通勤の駅までの道のりで、知らず知らずのってきて大声になってしまい、すれ違う人にビックリされたこともあります。

そこから、もう一歩踏み込んだのが「口笛」です。口笛は鼻歌よりも、「吹こう」と意識しないと鳴りません。音階をきちんと出すのはけっこう大変です。でも、何でもいいから好きな曲のメロディーを、口先を尖らせて吹いてみるのです。

誰もがつらいのです。悩みのない人なんていません。でも、その悩みを他人には見せないようにして頑張っているのです。何食わぬ顔をして、強がりを言って生きているのです。鼻歌や口笛で、**心の逆スイッチを入れましょう**！

# スキップをする 04

前項の「鼻歌」や「口笛」と同じです。**機嫌のいいときに、無意識にやっていることを、意識してやってみる**。スキップもそのひとつです。

スキップをしている人を見たら、間違いなく、「何かいいことがあったんだろうか」と思います。スキップなんて、普通の状態で踏んだりはしません。よほど、いいことがないとやらないからです。楽しいからスキップをするのです。

ちょっと待てよ……。スキップを踏んだのは、いつが最後だったでしょうか。ひょっとすると、小学生？　いやいや幼稚園かもしれません。遠足で？　お誕生会で？　友達とのクリスマス会へ行くとき？

そうなのです。あの頃は、楽しくて楽しくてたまらない気持ちが、無意識に身体からあふれ出ていたのです。そんな無邪気で素直なあなたは、どこへ行ってしまったのでしょうか。

ところで……あれ？　スキップってどうやるんだっけ？　いざ、スキップしようとしても、忘れている人も多いでしょう。でも大丈夫。きっと、やってみれば思い出せます。


とはいうものの、スクランブル交差点の真ん中で、ネクタイにスーツ姿で大の大人がランララ〜ランとスキップをしていたら、ちょっと不気味ではあります。

ほんのちょっとでいいのです。朝の散歩の最中にやってみましょう。公園や河原や路地で。もちろん、みんなが見ているところではできません。あたりをキョロキョロ見回して、30年ぶり？（40年ぶり？）にスキップしてみる。誰もいないのを見計らって、会社の廊下や屋上でするのもいいでしょう。

ほんの数歩でもかまいません。騙されたと思って、スキップしてみてください。誰にも見られていないのに、自分の顔が赤くなるのがわかります。恥ずかしいですよね。大の大人が子供みたいで。心が上気しているのです。

そこがポイントです。**子供に帰れる。無心になれる。他のことが忘れられる。**

**「スキップ」↓「ポジティブ」と、逆スイッチがオン**になります！

# 05 空手の突きのポーズで、エイッ！

友人に、女子空手の日本チャンピオンがいます。

大勢の前で、エイッ！　と何枚もの瓦を叩き割ります。分厚い板も、一撃で真っ二つ。それを見ているだけで、胸がスカッとします。私は男ですが、もちろんそんなことはできません。空手の経験などないのですから、当たり前です。空手ができたら、どんなにいいかと思うことがあります。瓦を素手で割れたら、どんなに気分がスカッとすることでしょう。

それをやるのです。修行も訓練もいりません。

"エアギター"と同じです。弾けなくてもフリでOK。「エア空手」とでも言いましょうか。その昔、ブルース・リーやジャッキー・チェーンの映画を見た後、自分の部屋で空手のポーズを取ったことはありませんか？　正義の味方になって、悪者をやっつけたりしませんでしたか？　『ドラゴンボール』のアニメを見て、両手でポーズをして「カメハメ波～！」と叫んだことはありませんか？　『トゥームレイダー』のアンジェリーナ・ジョリーのアクションのマネをしたことがある人もいるかもしれません。

あなたは、今から空手の達人です。両手をグッと握りしめて両腰に当てます。

「エイッ！」

右の拳を突き出して、目の前の「ネガティブ」な原因を一撃してください。

「エイッ！」

それは、いつも無理難題を言う上司の顔かもしれません。もうメッタメタに叩きのめしてください。

仕事場に電話をかけてくるクレーマーかもしれません。人ではなく、自分の心にある、嫉妬心や怠け癖、過去の失敗のトラウマでもいい。**落ち込んだ原因にめがけて、一撃を食らわせましょう**。

「エイッ！」

# 06 少し上を向く わずか5度の角度でいい

人は、他人のことはよく見えるものです。とくに、悪いところは目につきます。例えば食事のときに、話に夢中で箸を振り回す人がいる。それを見て、「みっともないなあ」と思う。

ところが、自分のことになるとサッパリわからなくなります。友達に、「貧乏ゆすりはやめたほうがいいよ」と注意したら、反対に「お前だって、平気で人前で鼻をほじっているじゃないか」と言われてドキッとしたりするものです。

友達が元気をなくしているときも、わかってしまいます。心が疲れている人というのは、パッと見てもわかるものです。なぜなら、内面の変化は、必ず外見に現われるからです。顔色が悪かったり、いつも笑顔の人が、しかめっ面をしていたり。

そのひとつのサイン。ネガティブになっている人は、下を向く傾向があります。本人は下を向いているという意識はないのかもしれません。でも、知らぬ間に、うつむき加減になってしまうのです。

他人が落ち込んでいるとき、下を向いていることに気がつきます。ところが、自分がネガティブになっているときには、下を向いていることに気がつかない。だから、つらいこと、悩み事があったら、自分も下を向いていると思って間違いありません。

そこで、**形から行動から心を立て直す**のです。

ちょっとだけで、かまいません。**わずか5度**でいいのです。地面と平行よりも**上に顔を上げる**。それだけで、元気が出てくるから不思議です。

うつむかない。顔を上げよう。

地面を見るよりも、空を見たほうがいいでしょ！

# 07 パンッ！と目の前で両手を打つ

人は、五感で認識します。目で見る、鼻で嗅ぐ、耳で聞く、舌で味わう、肌で触れる。その中でも、「聞く」というのは、もっとも瞬間的に身体が反応する感覚です。

道を歩いていて、「パンッ！」と大きな音が聞こえる。どこかで、車のタイヤがパンクでもしたのかもしれません。でも、強盗か何かの事件かもしれないと、驚いてビクッと身体が硬直します。音は、無意識に身体全体を反応させます。

お相撲さんは、取り組みの前に、パンパンッと自分の頬や尻、腹を叩きます。自分に喝を入れているわけですが、あえて調子よく「いい音」が出るように叩きます。**自分で自分の音に反応して、景気づけている**のです。

それを、「ネガティブ→ポジティブ」化に活用するのです。

例えば、これから仕事で取引先の嫌な人に会いに行かなければならないとしましょう。なかなか、椅子から立ち上がることができない。

「また、クレームを言われるんじゃないか」

「契約を打ち切られるのでは……」

という不安でいっぱいになる。そんなとき、自分でパンッと両手を打つ。できるだけ大きな音で。ちょっと手が痛くなるくらいに。

ひとつでも小さなミスをすると、ネガティブがネガティブを呼び込みます。ミスをした↓叱られる↓前のミスを思い出す↓怖くて仕事が手につかない↓またミスをする、というネガティブ・スパイラルに陥るのです。そのスパイラルを断ち切ることが重要です。「パンッ」と目の前で、できるだけ大きな音が出るように両手を打ってみましょう。

もちろん、頬を叩いてもかまいません。**その勢いで、心のポジティブ・スイッチを入れる**のです。

# 耳たぶを揉む

08

古来、「耳たぶ健康法」というものがあります。

耳たぶを指でモミモミする。あるいは、擦ったり、引っ張ったりする。

耳には、ツボ（経絡）が、いくつもあることが知られており、鍼灸治療ではたいへん重きを置いています。

もっと有名なのは、耳のツボに鍼を打つことでやせられるという「耳ツボダイエット」です。それだけでなく、耳全体は、身体のそれぞれの部分と呼応しています。足裏健康法とも理屈は似通っています。

また、耳を揉むことで、不安な気持ちや「うつ」な気分が軽くなるとも言われています。それには、少なからず医学的な理由があります。

ストレスで身体が緊張すると、血の巡りが悪くなります。すると、肩や腰が凝ったりします。すると、食欲がなくなったり、身体全体が重くなります。

**耳を揉むことで、顔全体の血流が活発化**します。耳の近くにはリンパがあり、滞留していた**リンパがスムーズに流れ出すことで免疫力が上がる**からです。

実は、もうひとつ、大きな効果があると考えられています。

それは、耳を強く揉んだり引っ張ったりすると、「痛い！」と感じることです。当たり前のことかもしれません。引っ張れば痛いに決まっています。でも、キュッ！ と引っ張った瞬間、ボーッとしていた頭が、ハッとして目が覚めます。

これが頬っぺたでは痛すぎて自分では引っ張れません。でも、耳たぶだと適度に加減をしながら、強く引っ張ることができるのです。

ネガティブな状態が続いたとき、耳たぶをキュッと揉んだり引っ張ってみてください。**心を軽くする糸口**になります。

# 爪を揉む

09

**心と身体はひとつ**です。

病気の原因のほとんどが、心の問題・ストレスに端を発していると言っても過言ではないでしょう。ストレスが溜まると、身体に変調が起きます。自律神経のバランスが崩れることが原因です。

新潟大学の安保徹教授と、福田医院の福田稔院長が提唱されているのが、「爪もみ療法」です。ストレスで緊張した交感神経を、爪を揉むことでほぐし、**交感神経と副交感神経のバランスを整えて免疫力をアップさせる**ものです。

交感神経とは、活動を活発化させたいときに、自然に働く神経です。副交感神経は、それとは反対に活動を抑えるように働きます。前者では、瞳孔が開き、心肺機能が高まります。後者では、瞳孔が閉じ、胃腸などの消化器官の活動が活発になります。

大きな仕事に取りかかっていたり、ずっと残業が続いているなど、過度のストレスがかかっている場合には、交感神経が高まりっぱなしになります。常時、臨戦態勢で、アドレナリンが出続けるのです。短期間なら大丈夫ですが、これが長期にわたると、身体に変調をきたします。そこで、**自分で副交感神経を刺激してやり、バランスを取ってやる**のです。

そのやり方としては、手の指先の「爪」の生え際の両側の角を、もう一方の手の親指と人差し指を立ててギューと摘まむようにして揉みます。「痛てて！」と感じるくらいがちょうどいいでしょう。あくまでも、内出血しない程度に。両手を交代でやります。ひとつだけ注意。薬指は、交感神経を司るところなので、揉まないでください。つらいことが続いて、明らかにストレスから来ていると思われる体調不良に陥ると、私も実践しています。医学的見地から、心と身体をポジティブにする方法です。「爪もみ療法」は、高血圧、糖尿病、冷え症、不眠や、その他さまざまな難病にも効くと、安保・福田両先生は説いていらっしゃいます。より深く知りたいと思われる方は、著書を読まれるとよいでしょう。

# 10 指先を揉む

幕末に幕府方のリーダーとして活躍した勝海舟は、いつも手足の指先を揉んでいたそうです。それが癖になっていて、人と話をしているときにも机の下で足の指先を揉んでいたということです。76歳まで丈夫に生きたのも、この健康法のおかげだと言われています。

「耳たぶを揉む」「爪を揉む」に続けて、手軽な健康法の3つ目をご紹介させていただくのには理由があります。それは、ネガティブな精神状態というのは、身体と密接な関係があるからです。つらいことや悩みがあると、ストレスが溜まります。その状態が続くと、全身の血行が悪くなり、肩こりや頭痛、胃腸のもたれなど「病気未満」の症状が出ます。すると、痛みや不快感が募り、ますますネガティブな気になります。最初は肉体の病気にかかった人が、その病気の苦痛から「うつ」になってしまう、というのが典型的な例でしょう。

「ストレス→ネガティブ→体調不良→ますますネガティブ」というマイナスのスパイラルから、ポジティブへと切り替えるために、**初期段階で身体の変調を立て直す**ことが大切なのです。かといって「運動」は面倒です。そこで、手軽な方法を紹介しました。

鍼灸には、刺絡という治療方法があります。指先に鍼を指して、そこから血を絞り出すのです。「鮮血」と言うように、普通、血液は鮮やかな赤色です。ところが、身体の血行が悪くなると、とくに心臓から遠い部分である指先が「うっ血」します。すると、真っ赤であるはずの血が、濁って黒ずんで見えます。その「瘀血《おけつ》」を身体の外に出してやることで、体調を整えるのです。

とはいうものの、なかなか鍼灸院へ通うのもたいへんです。痛みを伴うのが嫌な人もいます。そこで簡単なのが、手足の指先を揉むという方法です。

手足の指先を揉むと、**毛細血管にうっ血した血液が、再び流れ出します**。冬場なら、ポカポカと温かくなるのを感じることでしょう。**やがて心まで温かくなります**。

11

# 大声で叫ぶ

できれば、誰もいない海に行って叫ぶのが一番です。

「バカヤロー!」

青春ドラマではありません。誰にだって、叫びたくなることがあります。でも、大人になると、何だか格好をつけたくなります。「わがまま」を言わない。「我慢」する。「自制」する。世間体を気にする。リスクを最低限にしようとするなど……。

子供の頃は違いました。人の目なんてまったく気にせず、「楽しいから」という理由だけで行動していました。泥んこ遊びをして服を汚しては、いつも叱られたものです。電車に乗ると、窓の方を向いて外を眺める。「あっ見て見て、東京タワー!」と大声で叫び、またまた「静かにしなさい」と叱られます。

私たちは、いつからそんな無邪気な「子供」から、「大人」になってしまったのでしょう。そうです。「笑われるんじゃないか」とか「どう思われるだろう」などと、他人の目が気になりだした瞬間、大人になったのです。

歳を重ねれば重ねるほど、ストレスの要因も増えていきます。「うつ」にならないほうがおかしいくらいです。自殺者が年間3万人もいると言われますが、ストレスをまともに受けて、ギリギリまで耐えてしまうという日本人特有の真面目さも原因のひとつだと思われます。

いいじゃないですか。**たまには、羽目を外しましょう**。そして、子供に帰りましょう。

1人きりの家の中で、「バカヤロー！」と叫んでもいい。どうしても、ご近所の問題があるなら、カラオケボックスに出かけるという方法もあります。

ちょっと恥ずかしいけれど、告白してしまいます。私の場合は、車の運転中に「ワ〜！」と、言葉にならない雄叫びを上げます。もちろん、窓を閉めて。よほど溜まっているんでしょうね。理屈は抜き。**たった、1回叫ぶだけで、スッキリする**から不思議です。**胸の内のモヤモヤの塊が、ポンッと外に出る**感じがします。

# 窓を開ける

12

窓を開けると、ポジティブになる2つの「きっかけ」が作れます。

ひとつは、新しい空気が入ってきて、**新鮮な酸素が吸える**ことです。空気が入れ替われば、健康に良いことは間違いありません。

もうひとつは、カーテンと窓を開け放つことで、部屋に太陽の光が入って来て、**セロトニンが脳内に放出される**ことです。

でも、気分が落ち込んでいると、ちょっと動くのも嫌になります。ただ「窓を開ける」ということすら面倒になる。わかりますよ、その気持ち。でも、でも、エイッと思い切って、窓を開け放ちましょう。

「え!? たった、それだけのことで?」という、こんな意外な効果が期待できます。

明治大学教授で、ベストセラー『声に出して読みたい日本語』で知られる齋藤孝さんが、その著書『気の力』の中で、こんな話をしています。

授業で大勢を教えていると、一人ひとりのやる気、体調、集中力、疲労などが積み重なり、波となって「場の空気」が変化していくのがわかるというのです。疲れて空気がよどんだとき、教室中の窓を開けてやる。すると新鮮な空気がさっと流れ込み、場の重たい空気が一新される。すると、**「気の流れ」がよくなり集中力が取り戻せる。**

齋藤さんは、窓を開けることで、単に「空気」という物質の入れ替えを行なうだけでなく、目には見えない「気の力」「気の流れ」を変えることができる、と説いています。

空気は目には見えません。それなら水はどうでしょう。透明ですが、光を当てれば見ることはできます。では、血液は？　もちろん、見えますよね。この3つは、人の目には違って映りますが、大きな共通点があります。どれも分子でできているのです。いや、この宇宙に存在するものはすべて分子でできています。

ところが、空気みたいに目に見えないものの存在は、ついつい忘れてしまうのです。こんなに身近にあって、大切なものなのに。

だから、窓を開け放ち、新しい空気を入れてやりましょう。

13

# 背筋をピンとすると、心の背筋もピンとなる

背筋を伸ばすと、ポジティブな気分になります。

ちょっと疲れていても、落ち込んでいても、「やれるぞ」という気分になれます。

背筋をピンとすると、心の背筋もピンとなるから不思議です。なぜ、背筋を伸ばすくらいのことで、ポジティブになれるのでしょうか。

私たちは幼い頃から言われてきました。「背筋を伸ばしなさい」「猫背になってますよ」と。親からも先生からも、そう言われて育ってきました。眠くなったときや疲れたときに、自然と背中が丸くなるだけでなく、ネガティブな精神状態になったときにも猫背になることを知っているのです。

背筋をピンと伸ばすと、スーツもドレスも美しく見えることも知っています。モデルや女優が美しく見える理由のひとつも、姿勢がいいからだと信じています。背筋を伸ばしている人は、自信があるように見えるのです。

そうなのです。「信じて」いる。「思い込んで」いる。「姿勢がいい」イコール「元気に見える」「美しく見える」「ポジティブである」と今までの人生経験の中から、知らぬ間に自己暗示にかかっているのです。それはまるで、梅干しを思い浮かべるだけで唾液が出てくるのと同じです。心と身体は繋がっていて、**背筋をピンと伸ばすと、心もポジティブになります。心のスイッチが背筋についている**のです。

ところがです。このスイッチは、すぐに自動的に元に戻ってしまいます。だから、またスイッチを入れ直してやらなければならないのです。切れるときは自動だけれど、入れるときは手動なんですね。ＯＦＦになったら、ＯＮにする。切れたら再びＯＮにする。

**1日、何度でも気づいたら背筋を伸ばす**。それを繰り返しているうちに、**自動ＯＦＦスイッチ機能が衰えてきて、常時ＯＮ状態に**なります。

あなたの背筋は曲がっていませんか？

今すぐ、シャン！　と伸ばしましょう。

14

# 自慢する

ネガティブになりがちな人に共通する性格。

それは、謙虚で、真面目で、責任感が強く、他人の意見を尊重する心やさしい人です。

それだけ聞くと、「なんてすばらしい人なんだ」と思われることでしょう。

でも、それが行き過ぎると自虐的になり、自分が間違っていると思い込み、反省ばかりする人間になってしまいます。危険なのは、いつも「まだまだ努力が足りない」と思う人です。


これでは、ストレスが溜まらないほうがおかしいですよね。他人から「いい人だね」と言われる人ほど、我慢しているわけです。どんなことでも、度が過ぎるのは問題です。

たまには息抜きも大切。ポキンッと折れてしまいますよ。

そこで！

ときには、**自分をほめましょう。うぬぼれましょう。自慢しましょう。**

「私は、こんなに才能があるのよ」

「このシャツ素敵でしょ、私が作ったの」

「オレのおかげで、うちの会社はもっているようなもんだ」

「字だけはうまいでしょ」……。

どんな些細なことでもかまいません。

新しいブランド物のカバンを買った。ちょっと無理して。誰かに見せたい。でも、自分から言うのもはばかられる。「見て見て！」と心の中では叫んでいるのに、誰も気づいてくれない。「そんな贅沢して」とか「派手ねぇ」「ブランドが好きね」と言われるのが怖いという気持ちもある……。どんなふうに思われようとかまわないのです。

謙虚なんて糞くらえ！　堂々と自慢しましょう。**自慢は、弱った心をポジティブにしてくれます**。大丈夫です。いつも謙虚で控えめなあなたが、たまに少しくらい自慢をしても、友達はきっと「いいね」と言ってくれます。

15

# 嫌な人の名前を紙に書いて、破いて捨てる（シュレッダーにかけてもOK）

ストレスの原因の大半は、人間関係によるものです。

好きな人とだけ付き合えれば一番。しかし、世の中はそんなに甘くはありません。

友達は選べます。でも、昔から「親と上司は選べない」と言います。上司が嫌なヤツで、今すぐに離れたいと思ったら会社を辞めるしか方法はありません。

そんな上司に向かって、みんなの前で言ってやりたい。

「バカヤロー！」

それができるなら、どんなに幸せなことか。私も以前、サラリーマンでした。仕事が終わると、毎晩のように居酒屋へ行って、上司の愚痴や不平不満を口にしていました。それが、最大の酒の肴でした。きっと、この世の中から、愚痴というものがなくなったら、日本中の居酒屋が倒産してしまうに違いありません。

たまには、かまいません。「課長のバカヤロー！」と、居酒屋で悪口を言っても。でも、それが毎晩続くと、結局自分がつらくなるだけです。うまくいかないのを他人のせいにしていることを、自分自身は知っているからです。それが愚痴であることも理解しています。また、悪口を言えば、後悔もします。結局、何も解決しないのですね。でも、でも、つらい。腹が立つ。ストレスは溜まる一方。何とかスッキリできないものか。

そこで提案したいのが、ネガティブな気持ちの原因になっている「嫌なヤツ」の名前を紙に書いて、ビリビリッと破くことです。シュレッダーにかけるのもいいですね。細かく裁断されるのを見るだけで心が晴れます。

「たかが、そんなことで……」と思われることでしょう。ただ、紙に書いて破いただけなのに。

例えば、恋人との思い出の写真。フラれたからといって、すぐに破くことはできないでしょう。たかが紙切れなのに。神社のお札。日頃から、それほど信心深いわけでもないのに、破けない。たかが、文字ですが、**紙に書いただけで、魂が入っている**のです。ぜひ、お試しあれ。

# 16 「いいこと」メモをつける

## 寝る前に、今日あった「いいこと」を3つ、手帳に書き出す

「ああ、そんな面倒なことできないよ」

という声が聞こえてきそうです。そんなに、シャチホコ張って考えないでください。簡単なのです。これは日記ではありません。ほんのメモです。それも、**20字程度**の。

私が、昨夜寝る前に、スケジュール手帳の空欄に書き込んだ「いいこと」メモをお見せしましょう。

1. 週末なのに、予約せず新幹線に乗れた。ラッキー！
2. ランチがうまかった！
3. 帰宅すると、妻がニコニコして「おかえり」と言ってくれたその前日のメモはというと……。

1. 今朝は目覚めがよかった。今日もいい夢が見られますように
2. 2、3日続いていた腹痛が収まった
3. タクシーの運転手さんの愛想がよかった

いかがですか。たったひと言。それも、たいした事柄はありません。「ランチがうまい」とか「目覚めがいい」なんて、特別のことではありません。そうです。特別の「いいこと」でなくてもいい。**日常の中から、「いいこと」を探す**ことに意味があるのです。

そりゃあ、「給料が上がった」とか「上司にほめられた」「憧れの人にデートに誘われた」といった、大きな喜びがあるに越したことはありません。でも、そんなことはなかなかありません。ポイントは、小さな出来事に目を向けることです。すると、**幸福感に満たされてポジティブな心を保ちながら眠りにつくことができます**。

# 17 神社やお寺にお参りする

一言で、言いましょう。これは、苦しいときの神頼みです。いいじゃないですか。つらいんだから、悩んでいるんだから、神様や仏様の力を借りましょう。敬虔なクリスチャンやイスラム教の信者の方は別として、日本人なら神社やお寺でお参りをすると、不思議に心が落ち着くものです。神様や仏様の存在を、あまり考えたことのない人ですら、手を合わせると心が安らぎます。

私たちは、何か悪いことをすると、親から「罰が当たるよ」と言われて育ってきました。お正月、節分の豆まき、桃の節句、お彼岸、七夕、お盆……1年を通して、信仰があるなしにかかわらず、神様、仏様を身近な存在として暮らしてきたのです。心の奥底に、その大いなる存在が生きているのです。だから、神社やお寺に行くと、パワーを感じます。そのパワーを借りてポジティブになりましょう。

五木寛之さんは、その著書の中で、こんなことを言っています。

――寺の境内のある場所に立つとものすごく眼鏡が曇る。わーと何かが噴き出してくる。ラーメンを食べるときに、眼鏡が曇るのと同じように――

『気の発見』五木寛之著（幻冬舎文庫）

これは、土地の「気」で、心身ともに活性化して身体の毛穴から蒸気があふれてくる感じだと言います。そして、リラックスして元気になっていくような感覚を持てると言うのです。

これを読んでハッとしました。有名な寺院の住職さんから、こんな質問をされたときのことを思い出したからです。

「なぜ、神社・仏閣の庭には名水と呼ばれる井戸があるかわかりますか？」

それは、**名水が湧き出る場所に神社やお寺を建てる**からだそうです。神社もお寺も、神様や仏様に献上したり浄めたりするのに水が重要です。水が先にあって、建物を建てるのです。ということは……。五木寛之さんの眼鏡が曇ったことも科学的に納得がいきます。境内や神域から水気が立ち上っているのです。**水は、すべての生命の源です。私たちの疲れた心にもパワーをもたらしてくれます。**

# 恋をする

18

ドキッ！　としませんでしたか？　ポジティブになるために、「恋をする」なんて。

そりゃぁ、胸が張り裂けるような恋ができたらすばらしいでしょう。

ラブ・イズ・ブラインド——恋は盲目というくらいですから、**嫌なことなんてすべて忘れることができます**。ポジティブを通り越して、有頂天になってしまうでしょう。

失恋の特効薬は、新しい恋をすることだと言われています。恋にはそれだけのパワーがあるのです。

でも、既婚者や現在恋人がいる人はどうするのか？　浮気をしろと言うのか。

いえいえ、ここでいう「恋」とは、本物の恋愛のことではありません。例えば、こんなことがありませんか？

いつも行くカフェに、ものすごくイケメンの店員さんが入った。その人と、ほんのひと言でも言葉を交わすだけで、ウキウキしてしまう。

取引先の受付に、ものすごく可愛い女性がいる。いつも笑顔で取り次いでくれる。もしあなたに、よき伴侶がいたとしても、きっとそういうことはあるでしょう。何も、「不倫のすすめ」をしているわけではありません。「いいなあ」「ステキだなあ」と思える人を見つけるのです。現実世界にいなければ、アイドルやドラマ・映画の主人公に憧れるのもいいでしょう。

韓流スターの追っかけでは、中高年の女性が有名です。空港やホテルで、何時間も前から待っています。その人たちにだって、何か悩みはあるはずです。でも、追っかけをしているときは忘れられる。

**ドキドキしてときめくと、目の前がパッと明るくなります**。

巷では、このことを「エア恋愛」とか「偽恋愛」と呼んでいるようです。ただし、あくまでも心の中だけのこと。火遊びにはならない程度にしましょう。

# 19 泣く

私ごとで恐縮ですが、ときおり妻とケンカをします。

いや、ケンカというよりも、一方的に私が叱られるのです。言い返すと、火に油を注ぐことになるので、できるだけ黙っているようにします。すると、「なぜ、何も言わないの」とさらに叱られます。しばらくすると、妻は無口になってふさぎ込みます。

ある日のことでした。そんなたいへん険悪な状態のまま、2人でテレビを見はじめました。それは感動のドラマでした。いくつもの苦難を経て、南極大陸に到達するというものです。途中から妻は、涙を流してウォンウォンと泣きはじめました。そして……ドラマが終わったときには、つい先ほどまでの「怒り」も「ふさぎ込み」もどこかへ失せて、カラッとしているではありませんか。

こちらは、ずっとモヤモヤしているのに……。何とも、うれしいような悲しいような気分でした。

『脳からストレスを消す技術』の著者・有田秀穂教授は、こんなことを説いておられます。**悔しさ、悲しみ、感動という「情動の涙」は、脳にとってストレス解消になる**、と。

一見、「泣く」というのは、つらくて悲しくて、ネガティブな状態になったときの象徴のように思えます。でも、「ストレスがあってつらいよ」と、わかってもらうための涙も、ストレス解消に役立つというのです。

**「泣く」ことには、デトックスの効果**もあります。

体内から毒素や有害物を出すために、食事や運動、入浴など、さまざまな方法がありますす。肉体の毒素だけではありません。**心の中にしみ込んだネガティブ毒素も体外に出したい**のです。

泣きたいときに我慢しない。泣けなければ、泣ける映画を見て泣くのもいい。

遠慮なく、泣きましょう。

# 20 身の回りを整理整頓する

「片づけ」に関する本がたくさん出ています。

それは、よほど「片づけ」が苦手な人が多いということの裏返しでしょう。それらの本では、「片づけテクニック」が中心であまり触れられていませんが、「片づけ」には精神面でのメリットがあります。**「片づけ」は、ネガティブ↓ポジティブのスイッチ**のひとつなのです。

まず、ひとつ目のメリット。身の回りのモノを整理整頓していると、いつの間にか作業に没頭できます。**嫌なことが忘れられる**のです。好きな趣味、例えばプラモデルを作ったり、編み物をしたりしているときと同じ状況になります。「忘れる」というのが、心を切り替える最大のポイントです。

2つ目。整理整頓という作業をすると、ものごとを論理的に考えることができます。

「これは捨てるべきか、残すべきか」「どこへしまうと使うときに便利か」と、きちんと考えないと整理することはできません。そもそも、ネガティブな心とは「不安」「心配」というモヤモヤとして不たしかなものであることが要因です。整理整頓をすることで、**今の自分の心が明確**になります。

ご存じ、ベストセラー『人生がときめく片づけの魔法』で、著者の近藤麻理恵さんは、こんなことを言っています。

――片づけを真剣にしていると、瞑想状態とはいかないまでも、自分と静かに向き合う感覚になっていくことがあります。自分の持ちモノに対して、一つひとつときめくか、どう感じるか、丁寧に向き合っていく作業は、まさにモノを通しての自分との対話だからです――

『人生がときめく片づけの魔法』近藤麻理恵著（サンマーク出版）

つらいことがあり、ネガティブになると冷静に自分を見つめることができなくなります。ただ、単に「さあ、今から自分を見つめ直すぞ」と思っても、なかなかできることではありません。でも、片づけという行為を通してなら、自然にできるのです。

そして、3つ目。**整理整頓が終わった後の光景を目の当たりにして、スッキリ**します。

さあ、まずは、机の上からはじめましょう。

# 21 いつもと違う角を曲がってみる

世の中には、「いい習慣」と「悪い習慣」があります。
「いい習慣」は、靴を揃えて脱いだり、毎朝、散歩をすること。また食べ物をよく噛み、食べたら歯を磨くことも。「悪い習慣」の代表格は、朝寝坊に深酒、食べ過ぎ。人の悪口を言ったり、遅刻することも含まれるかもしれません。

実は、習慣の中には、よくもないし悪くもない、「どちらでもない習慣」というものがたくさんあります。言い替えると、「惰性」の行動です。

例えば通勤時の駅までの道のり。ほとんどの人が、いつも同じ角で曲がります。これを変えるのです。昨日までとは、違う角で曲がってみる。すると、違った景色が目に飛び込んできます。細い路地を恐る恐る進むと、駅までの抜け道が見つかるかもしれません。たまに電車で同じ車両になるイケメンが、マンションから出て来たところとバッタり出くわすかもしれません。

すぐ近所のことなのに「あ、こんなところにカフェができたのか」と新しい発見があるかしれません。

他にも、たくさんあります。いつもと違う歯磨き粉を買ってみる。美容院を変えてみる。コンビニに行くたびに、新商品のお菓子やドリンクを買う。本屋さんで、見たことのない棚（例えば、家庭の健康とか郷土史、哲学など）へ行ってみる。朝食がパンの人は、ご飯とみそ汁にしてみる。ケータイのメールに、使ったことのない絵文字を入れてみる、というのもいいでしょう。

**ポジティブになる「きっかけ」は「変化」**です。自分自身を変えられればいいけれど、急に生き方は変えられません。そこで、すぐにできるのが、**「習慣」のチェンジ**です。

**何気ない小さな小さな習慣を変えてみましょう。**

## 22 腹式呼吸をする「ひとつ吸って、5つ吐く」

呼吸は、東洋医学の基本中の基本です。ヨガや太極拳、気功でも、もっとも大切なこととされています。なぜなら、心と身体は密接な関係があり、心が蝕まれる（最大の要因がストレス）と病気になると考えられているからです。**呼吸を整えることで、自律神経をコントロールし、健康体を維持することができる**のです。

さて、その呼吸法です。

1. 身体をリラックスして、椅子に座ります（ベッドでもＯＫ）
2. 鼻からひとつ（3秒）、奥深く腹を膨らませて吸い込みます
3. 息を丹田（へそ下10㎝のところ）へ貯めます
4. 肛門をキュッと閉める

5．息を吸い込んで、キレイなものが身体中に広がることをイメージします
6．息を数秒、止める
7．口から、5つ（15秒）静かにゆっくりと、腹を凹ませて充分に吐きます
8．普通の呼吸を1回する

これをワンセットとして、15回繰り返します。

この際の最大のポイントは、「吸う」ことではなく、「吐く」ことにあります。新鮮な酸素を吸うためには、身体の中の二酸化炭素を吐ききることが先決だからです。

コップに水を注ごうとしても、古い水を捨てなければ新しい水は入りません。新しいものを取り込みたいときには、古い物を先に出すことです。入れるよりも、出すほうが先なのです。

吐き出す際には、**身体中の「悪いもの」をすべて吐き出すようにイメージ**します。持病があれば、その病気を追い出すことを意識します。ストレスがあれば、ストレスの原因を吐き出すのです。

23

# 両手でそっと包んで、温かいココアを飲む

心が疲れているとき、何かのきっかけで「シャン！」とすることがあります。くたくたになって帰宅する。今日1日、ものすごく嫌なことがあった。それが、熱いお風呂に入って汗を流したら、なぜかしらスッキリした。

そんな簡単なことが、心のリセットに役立つことがあります。

ストレスが溜まると、血行が悪くなります。すると体温が下がり、免疫力が落ちます。疲れたとき、手足の先が冷たくなったり、肩や腰が冷えて痛むことがあります。それは、単なる肉体疲労ではなく、「心の疲れ信号」の現われなのです。

でも、外出先や職場でお風呂に入るわけにはいきません。

そこで！

こんなときには、温かい飲み物を両手で温めながらすするのです。できたら、糖分をたっぷり入れたココアやショウガ紅茶がいいでしょう（ショウガには身体を温める効能があります）。

ストレスは、「まだ大丈夫」と思っているうちに、身体や心に堆積していきます。その「まだ」が曲者で、「まだまだ」と思ったら注意信号です。**早め早めに休息を取ること**をおススメします。

ここで、ひとつアドバイス。

真夏は、ついつい冷たいものを飲んでしまいます。風呂上がりのビールは最高です。でも、疲れているときには、できる限り冷たい物は口にしないほうがいいでしょう。今はどこでも、エアコンが効き過ぎていて、夏でも身体が冷えてしまっています。

昔は、真夏に「暑気払い」と称して熱い物を飲みました。甘酒はその代表格です。当然、熱いから汗をかきます。汗をかくことで、体温調節が自然にできるのです。

**小さな「ネガティブ」は、小さいうちに「温かい一服」で退治**しましょう。

24

## ケータイ活用法①

# いつも元気な友達に電話をしてみよう

つらいことや悲しいことがあったとき、仲のいい友達に電話をしましょう。それも、話を「ただ聞いてくれる」友達に。

**人は、人に話を聞いてもらうだけで、その悩みの大半を解決できる**と言います。かえって、アドバイスをしてもらうよりも、ただ、話を聞いてもらうだけのほうが心が楽になることもあります。胸の内を打ち明けるだけで、「わかってくれた」と思うことができるのですね。

もちろん、相手は「何とかしてあげたい」と思うでしょう。

でも、「こんな方法はどう?」と言われても、本当に心が疲れていると、「そんなの無理」と拒絶反応を起こしてしまいます。

ただし、これには、普段からの準備というか心がけが必要になります。

それは、そんな話ができる友達を作っておくことです。さらに重要なのは、日頃から友達の話も聞いてあげるようにしておくことです。

難しいことではありません。悩みを聞いた側としては、「何か言わなくちゃ」と考えてしまうものです。これは困りもの。だから、電話をしたら最初に、

「何も言わなくてもいいから、話だけ聞いてくれる？」

とお願いする。お互いに、ただ聞いてあげるだけなら簡単です。


「もしもし」

「ああ、久しぶり」

「ちょっと声が聞きたくてさ」

「何よ、また上司に叱られたの？　聞いてあげるよ」

「聞いて聞いてよ」

私はそんな友達のことを**ポジティブ・フレンド**と呼んでいます。

ケータイ活用法②

# 元気になれる音楽を聴く

25

便利な世の中になりました。ケータイやスマートフォン、iPodやWalkmanにダウンロードすることで、いつでも、どこにいても、すぐに好きな音楽を聴くことができます。シドニーオリンピック、女子マラソン金メダリストの高橋尚子さんは、大会直前にhitomiの曲をヘッドフォンで聴いて、自らのテンションを高めたそうです。その他にも各界のアスリートたちが、音楽を練習の中に組み入れるなどして活用していることは、よく知られています。

もちろん、人によって「元気になれる」曲は異なります。その曲をダウンロードするなどして、いつでも手元に用意しておく。自分の部屋にも、車にも用意しておく。ちょっとピンチだなとか、落ち込んでいるなというときに、すかさずそれを聴く。耳から補充する心のビタミンですね。

そのうち、**その曲を聴くだけで、エンジンがかかるようになる**はずです。無意識に心が反応するのです。

子供だって、そうです。いくら叱られて泣いていても、『ちびまる子ちゃん』や『ワンピース』の主題歌を聴くと、パッと笑顔になるものです。

朝、出かける前に、**テンションの上がる自分のテーマ・ソングを部屋でかける**のもいいでしょう。『ロッキー』のテーマ、ラデッキー行進曲、レイダース・マーチ（『インディ・ジョーンズ』のテーマ曲）……など。ちなみに筆者は、『笑点』のテーマです。

元気が出る曲として有名なのは、大黒摩季の『ら・ら・ら』、ＺＡＲＤの『負けないで』、岡本真夜の『TOMORROW』、牧原敬之の『どんなときも』、ＳＭＡＰの『世界に一つだけの花』などがありますが、あなたの元気ソングは何ですか？

そうそう、元気が出るだけではなく、音楽には癒し効果もあります。音楽療法を取り入れている病院もあり、うつなどの精神障害にも効果的であることが知られています。私の通院する病院では待合室にヒーリングミュージックが、鍼灸治療院の施術室では胡弓の演奏が流れています。「聴くクスリ」「癒しのクラシック」などといったタイトルのＣＤを探してみてはいかがでしょうか。

## ケータイ活用法③

# 待ち受け画面に好きな写真を貼り、お守りにしてピンチのときに見つめる

26

今まで、いったい何人のものを見たことやら。それは、ケータイの待ち受け画面の写真です。

その多くは、自分の子供の写真です。

「一昨日、1歳になりましてね」

「コレ、お誕生会の写真です」

「わが家の家族です」（ワンちゃん）

などと言いながら、仕事の打ち合わせ中に見せようとするのです。

私の友人が福岡に転勤になったときのことです。家族を置いての単身赴任。疲れてマンションに帰っても誰もいません。とくに、一番下の3歳の娘さんに会えないのが寂しくてたまらない。

そこで、その娘さんの顔をケータイの待ち受け画面にして、ことあるごとに眺めては元気を出していました。単身赴任は、何年にも及びました。娘さんの新しい写真が、次々と送られてきて、待ち受け画面が更新されていきました。

仕事中だろうが何だろうが、お構いなしに見ていたそうです。彼が帰って来たとき、「どれほど励まされたことか」と言っていました。

これは、ドリンク剤を飲むよりもずっと効果があります。大切な人、**大好きな人の写真をお守り代わりにして、ネガティブになったときに見つめる**。実際にそうされている方も多いのではないでしょうか。

もちろん、家族の写真である必要はありません。愛犬などペットの写真を使っている人も多いようです。先日は、自分で新幹線の中から撮ったという富士山の写真を見せてくれた人がいました。1年を通して、なかなかキレイに見られることが少なく、霊峰とも言われることから、スピリチュアルな効果も期待できそうです。

まだでしたら、お試しください。

27

# 人と会ったら、最初と最後に握手をする

何度も言っていますが、人間関係がうまくいかないことは、われわれにとって一番のストレスの原因となります。

別に、ケンカしているわけではないけれど、「苦手だなぁ」という相手がいます。また、もともと人付き合いが下手な人もいます。決して、それが悪いわけではない。ただ、世間の波を渡って行くのに、少しばかり損をしていることは事実です。

明日、その苦手な人に仕事で会わなければならないと思うと、それだけで憂鬱になります。こちらが、苦手だと思っていると、相手にも何となく気持ちが伝わってしまうものです。すると、ますますうまくいかなくなります。

そんなときの、憂鬱な気持ちを乗り切る方法を紹介しましょう。

人と会ったら、「こんにちは」「お久しぶり！」と、**サッと手を差し出して握手を求め**

**る**のです。「握手を求められる」と、誰も悪い気はしません。「オレのことを気に入ってくれているんだ」と思います。すると、**相手もうれしくなって、ギュッと握り返してくれる。好意が好意になってすぐに返ってくるのです**。

それだけではありません。握手を求めると、必ずと言っていいほど、**笑顔がセットでついてきます**。そして、それが仕事の場だとしたら、いきなり穏やかな会話をはじめることができます。握手を求めて手を差し出すと、「元気」が何倍にもなってその場で返ってくるのです。

でも、たぶんこう聞かれるでしょう。

「もし、相手が手を出してくれなかったら気まずいじゃないですか」

と。大丈夫。心配しなくても、ほぼ１００％出してくれます。相手を無視することは、ケンカを売るようなものですから、誰も無視したりはできません。

ところが、そんな簡単なことがなかなかできません。パッと、手をわずか30㎝差し出すだけのことなのに。明治維新から百数十年。いまだに日本人は握手が苦手です。ズバリ！　握手は慣れです。すぐに癖になります。そして、別れるときにも、こちらから手を差し出すのです。たった30㎝の行動で心が変わります。ポジティブ効果は抜群です。

28

# ちょっと高いブランド物の服を着て街を歩く

　映画『プリティウーマン』で、こんなシーンがあります。

　コールガールだった主人公の女性が、ドレスアップをして街を歩くと、誰もが振り返るようになる。今まで煙たそうに見ていた人たちまでも。高級ブティックでも一流のホテルでも、以前は煙たがられていたのに、最高のおもてなしをしてくれるようになったのでした。中身の人間が変わったわけではありません。ブランド物の洋服に着替えただけなのです。

　『人は見た目が9割』という本がベストセラーになったことがあります。誰もが「心が大切」「人間は中身だ」と普段は口にしていながら、人を見るときには外見で判断してしまうものです。

袖の擦り切れたシャツを着て、穴の空いた靴下を履いていたら、「何てだらしない人だろう」と、その人の人格までも劣っていると思い込んでしまいます。服装だけでなく、ギスギスに痩せていて、いつも眉間にシワを寄せ、猫背でうつむいていたら、貧乏神かと思って近づきたくなくなります（実は、筆者の風体です）。私たちは、そのことを体験として充分に知っています。

さて今度は、自分が「見られる側」になって考えてみましょう。ちょっと高いブランド物のスーツやドレスを着て街を歩くと、間違いなく他人が自分を見る目が変わります。ホテルやレストランに行けば、スタッフの接客態度はよくなり、会社の同僚からは、「今日はデート？　カレシができたんだ」と羨望の眼差しで見られるでしょう。

街中を歩くとき、他人の目を強く意識する自分がいることに気づくはずです。ここが肝心なところ。有名ブランドの服を着ているだけで、「ステキなデザインでしょ」「ちょっと無理したけど、高かったんだから」と自己主張している自分がいるのです。さらに、「ひょっとして、私のことを良家の子女だと思っているんじゃないかしら」と思ったりもする。**外見を変えただけでウキウキして、心までが変わる**のです。

ちょっと高いブランド物の服やアクセサリーを身にまとい、街に出かけましょう！

29

# 自分の「いいところ」を10個書き出す

ネガティブになってしまう根本的な原因のひとつには、「自信喪失」があります。

たったひとつのトラブルで、目の前が真っ暗になってしまう。上司や友達の一言で、自分自身が全否定されたような気分になることもあります。それは、「君らしくないミスだね」とか、「しっかりしてくれよ」などといった何気ない言葉かもしれません。その一言で、自分を全否定されたように気持ちになってしまうのです。

でも、現実には、決してそんなことはありません。**つらい出来事のあったその瞬間の前後では、あなた自身に何の変化もない**のです。たまたま、ひとつのトラブル、ひとつのミスがあっただけなのです。自信を喪失する必要はありません。

では、どうやって自信を回復したらいいのか。

手帳でも広告の裏でもかまいません。今すぐ、あなたの「いいところ」をサッサッと10個書き出してみてください。「本日限定」のよかったところでも、かまいません。え？「何もない」ですって！ そんなことはありません。

1. 母の日にプレゼントを買ってあげた。私は親孝行だなあ
2. 電車でお年寄りに席を譲ってあげたことがある。優しいなあ
3. 面倒だけど、洗濯だけは毎日やっている。感心、感心
4. 冷蔵庫の残り物でチャーハンを作った。料理上手でエコ
5. 自己啓発の本を3冊も読んだ。私って勉強家
6. 歳のわりには髪が白くならない。まだまだ若い！
7. 約束の時間に遅刻したことがない。人から信用されている
8. 叱られたらすぐに謝る。素直さだけは自信あり
9. メールにすぐ返信する。小まめ
10. 出されたものは何でも食べる。好き嫌いが少ない

ポイントは、ひとつずつ**自分で自分をほめる**ことと、「事柄」と「なぜいいのか」をセットにすることです。小さなことでかまいません。少々うぬぼれてもかまいません。「いいところ」がいっぱいあり過ぎて、びっくりしますよ。

# 30 お祭りを見に行く できれば参加する

落ち込んでいると、あまり人の多いところへは行きたくなくなります。自分が元気がないと、元気な人たちが羨ましく思えてしまうのです。パーティやコンパに誘われても、ついつい出かけるのがおっくうになってしまいます。「いいなこの人は、きっと悩みなんかないんだろうな」「体も丈夫そうだし、いつも笑顔で」。

いいえ、そんなことはありません。誰もが悩みを持っています。100%元気印で何もかもがうまくいっている人なんていないのです。みんなつらいのです。人に、そのつらさを見せるか否か、それだけの違いなのです。

いつも、ボランティア活動で飛び回っている友人がいます。どんなに元気で、どんなに幸せな人かと思っていました。ところが難病にかかり、長い間闘病を続けていることを知って、びっくりしました。「いいなあ、あの人は元気で」などと羨ましく思っていた自分を反省しました。

ポジティブになるために、**元気な人から「元気をもらう」**という方法があります。元気な人に直接会ったり、電話でおしゃべりをしてパワーをもらうのです。

でも、ひとつ間違えると「いいなあ、この人は元気で」と負のスパイラルに陥ったり、相手があまりにも元気過ぎて、気持ちが引いてしまったりすることもあります。

そこで！　もし、近所でお祭りがあったら出かけてみる。祭りは、「ハレ」の場です。特別な日です。もともと神様を喜ばせて、感謝をする日です。悲しみや悩みには無縁の場所なのです。そこへ、「さあ！　楽しむぞ」という超・明るい気分の人たちが集まります。神輿や山車などを囲む群衆には、そうした**プラスの「気」が集まっています**。ポジティブの祭典ですね。

その中に自分の身を投じると、たくさんのプラスの「気」をもらうことができます。三社祭とか祇園祭のような大きな祭りである必要はありません。近所の縁日や盆踊り、商店街のカーニバルでもかまいません。できれば、何かの形で参加するとますます効き目があります。

お祭り気分で、好きなアーティストのコンサートに出かけるのもいいでしょう。

# 31

# 抱きしめる 抱きしめてもらう

ハグは、欧米では当たり前の習慣ですが、日本ではいまだに一般的ではありません。とくに男女間でのハグは、誤解を招きかねません。女性同士はともかく男性同士だと、何だか気持ちが悪い、という人も多いことでしょう。

実は、私もその1人でした。その上、日本人らしく生きることをよしとしてきたので、アメリカナイズされることを避けてきました。それほど仲がいいわけでもないのに、抱き合うなんてとてもできない。ましてや、女性とハグするなんて、恥ずかしい。

ところが、です。とてもつらいことがあって泣きたいときがありました。死にたくなり、あやうく新幹線のホームから飛び降りそうになったほどでした。心が張り裂けそう。でも、そこから逃れることができない。あまりにもつらくて、何人もの友達に電話をして、話を聞いてもらっていました。

そのとき、それほど仲がいいわけでもない友達が、私に会うなり、いきなりギューと抱きしめてきたのです。ずいぶん体格のよい大柄な男性でした。私は思わず、「ウウッ苦しい……」と声を上げてしまいました。

耳元で、彼が言いました。

「○○さんから聞いた。たいへんだったね」

思わず、涙があふれてきました。

「ありがとう……」

それだけ言うのが精一杯でした。最初は茫然として立ち尽くしていましたが、私も力いっぱい抱き返しました。すると、彼はもっと強く抱きしめてくれました。お互いにスーツを着ていましたが、**相手の体温が伝わってくる**気がしました。今から思うと、それは心の温もりだったのでしょう。以来、ハグの威力を信じるようになりました。

ハグは握手と同じです。こちらから**抱きしめると、相手も自分を抱きしめてくれます。**

つまり、抱きしめてもらいたいと思ったら、こちらから抱きしめることです。

# 32 背中をそっと撫でてもらう

手のひらには、パワーがあります。それは、病気を治す癒しの力です。

ムツゴロウこと畑正憲さんが、テレビ番組でこんなことを言っているのを聞きました。

「幼い頃、お腹が痛いと言うと、お母さんが手のひらでさすってくれたでしょう。それは、手のひらに病気を治す力があるからです」

実際に、「ちょっとお腹が痛いな」と思ったときに、自分自身でさすっても痛みが治まることがあります。


以前、私がサラリーマンをしていた頃の話です。

会社へ行くのが嫌で嫌で仕方がない時期がありました。「今日も、あの上司から嫌味を言われるのか」「お客さんからのクレームをどうしよう」と毎日悩み、「うつ」気味になっていました。そんなある日のことです。朝の出がけに、妻が「大丈夫、大丈夫」と言いながら私の背中をそっと撫でてくれたのです。

すると、あら不思議。何だか、**力が湧いてくる**。パワーが入った！ という感じ。手のひらの温もりが、じんわりと心の奥にまで伝わってくるのがわかりました。そうです。心が病んでいるときに、**背中にパワーの挿入口がある**ことを偶然知ったのでした。

よほど、うれしい顔をしていたのでしょう。それ以後、元気がないとき、ここ一番という仕事があるときなどに、妻は私の背中を撫でて送り出してくれるようになりました。恥ずかしながら、「頼む」と言って撫でてもらうこともありました。

その後、背中を撫でて不安やストレスを軽くする医療方法があることを知りました。風呂上がりにアロマオイルを背中に塗りながら、背中をマッサージしてもらうのです。ポイントは、背骨の横を上から下へ。リンパの流れをよくする効果がり、免疫力が上がるのだそうです。

**手のひらには癒しの力が秘められています**。

失くした物を嘆くより、
今ある物を活かそう

Lesson4

# イメージする

1章から3章まで、「習慣」「言葉遣い」「行動」という3つの手段に分けて、ポジティブ・スイッチをオン！にする方法を紹介してきました。これらは、病気治療でいうなら、西洋医学的な措置です。例えば、熱が出たときに解熱剤を飲むという対症療法です。

これに対して4章で紹介するのは、東洋医学的な「ポジティブになれる」方法です。それが、「イメージする」ことです。

「イメージする」とは、心の持ち方を変える練習です。ついつい、暗くなりがちな心、負けそうになる心、自分のことをダメな人間だと思う心を、プラスに切り替えるイメージをするのです。漢方薬や生薬のようにジワジワと効き目があります。実は、漢方薬にも即効性のあるものもあります。ひとつずつ、あなたに合った方法を試してみてください。

# ヒーロー、ヒロインになる

01

あなたは、こんな経験がありませんか？

スパイダーマンやスーパーマンの映画を見て、その主人公になったような気分に浸ることが。とくに映画館へ行くと、映画が終わって暗闇から明るいところへ出たとたん、主人公の魂が自分に乗り移ったような状態になることがあります。つい先ほどまで、劇場で一緒に座って見ていた人たちの目つきも、何だかキラキラしている。

私の場合は、『スター・ウォーズ』のルーク・スカイウォーカーや、『インディー・ジョーンズ』のジョーンズ博士でした。不思議なことに、帰り道は胸を張って大股で歩いていたような気がします。

『タイタニック』のケイト・ウィンスレットになりきり、船の舳先でレオナルド・ディカプリオに後ろから抱きかかえられて、両手を広げて風を受けている自分の姿を思い浮かべた経験のある女性も多いのではないでしょうか。
映画には、自分がヒーロー、ヒロインになれるという**仮想疑似体験**の効果があります。それは、映画である必要はありません。テレビのタレントや歌手でもかまいません。カラオケで、ＡＫＢ48の歌を完璧な振りつけで歌ってみるのもいいでしょう。自分がアイドルになったような気分になれます。いや、歌っているときには、間違いなくスターだと思っているはずです。

カラオケが人気なのは、スター気分を味わえることがストレス解消に役立っていることもあるでしょう。

メイドカフェが流行している背景にも、これに似た要素があります。「お帰りなさいませ、ご主人様」と言われると、それが彼女の仕事とわかっていてもうれしくなってしまう。自分もとことんご主人様になりきることで、**日常の悩みを忘れられる**のです。

中高年だけでなく、若い女性にもホストクラブにはまる人が増えていると言います。これも、**代わり映えのしない毎日から抜け出せる**という点で、同じ効果があるからでしょう。

ちょっとネガティブになったとき。ストレスが溜まったとき、ヒーロー、ヒロインになった自分をイメージしましょう。たちまち、ポジティブになれます。

## 02
# 玄関で、「うまくいく！」と3回唱えてから家を出る

この方法のポイントは3つあります。ひとつは、「うまくいく」という言葉です。「成功する」でも、「乗り越えられる」でもかまいません。**ものごとが順調に進むという意味の言葉**を発してください。

2つ目は、この言葉を**声に出して言う**こと。言葉には、「言霊」があります。言葉に発したことは、実現すると古《いにしえ》の時代から信じられています。

3つ目。朝、出かけるときに、玄関で靴を履き、**ドアを開ける前**に言ってください。そして、これから過ごす1日の出来事を頭の中でシュミレーションするのです。

例えば、こんな具合に……。

出社するなり、気難しい上司に「いい感じ」に「おはようございます！」と言える。

会議で、自分の意見が通る。

クライアントへのプレゼンがスムーズにできる。

クレームが1件もない。

残業にならず、定時に帰れる。

保育所へ子供を迎えに行くと、笑顔で娘に「夕ご飯は何？」と聞かれる。

先生にも「おりこうさんでしたよ」と言われる。

……などなど。


私は、病気で長期入院したことがあります。退院して自宅療養の後、復帰はしたものの、会社へ行くのがつらくて仕方がありませんでした。

その際、主治医からこの**「うまくいくシミュレーション法」**を教えてもらい実践してきました。

私の場合、遠方まで旅行に出かけるとき、講演やイベントの司会をする前にも活用しています。

「うまくいく！　うまくいく！　うまくいく！」とシュミレーションしましょう。

03

# 心のベクトルを明るいほうへグイッと向ける
## 放っておくと、心は暗いほうへと傾くものだから

心って不思議です。

「何も考えない」という状態は、ほとんどありません。常に何かを考えている。ボーッとしているようでも、無意識のうちに何かを考えてしまう。問題は、何を考えているかです。

人間は、放っておくと、自然と悪いこと、マイナスのことを考えてしまいます。「心配」「不安」「疑い」「恨み」「嫉妬」……。

例えて言うなら、ヒマワリの反対です。ヒマワリは太陽のほうへと花を向けて咲きます。人の心は、暗い方向へと向いてしまう。だから、いつもいつも、**心の中に咲いた花を、明るい太陽のほうへと向けてやる**ことが必要です。

昔から、議論されてきたことがあります。人間の「性善説」と「性悪説」です。どちらが正しいかはわかりません。でも私は、人間はもうひとつ別の観点から、2つのタイプに分かれると思っています。それは、「楽天家」と「厭世家」です。厭世というと、生きているのが嫌になるほど人生をはかなんでいる、という意味になってしまうので「心配性の人」という言葉に置き替えてみましょう。

「あなたは楽天家ですか？」と問われて、「はい」と笑って答える人はほとんどいません。おそらく100人のうち1人くらいではないでしょうか。多かれ少なかれ、たいていの人（99％）が心配性と言えるでしょう。

心の中に、ヒマワリの花をイメージしましょう。

もしその花が地面を向いていたら、グッグッと陽の指すほうへと向けてやる。力ずくで向けてやる。心は弱いものです。「ちょっと落ち込んだなぁ」と思ったら、**心のベクトルを、明るいほうへ**と向けてやりましょう！

何度も何度も、グイッと明るいほうへと向けているうちに、形状記憶合金のように、暗いほうへ戻らなくなります。

# 04

# 目の前に川がある。飛んでみなよ 落ちたって、濡れるだけじゃないか「エイッ！」

心がネガティブになる原因のひとつに、トラウマがあります。過去の失敗が足を引っ張り、臆病になってしまう。そのため、行動を起こす前から、「どうせダメに決まっている」「また失敗する」と諦めてしまうのです。

それを放っておくと、「臆病」が心の中で雪だるまのように大きくなり、「会社へ行きたくない」「プレゼンが怖い」「営業できない」「人と会いたくない」という負のスパイラルに陥りかねません。

**ネガティブのタネは、できるだけ小さなうちに摘んでおく**べきです。

これから、イメージトレーニングをしてみましょう。臆病になって、動きが鈍くなったとき、心の中で川を飛び越えるイメージをします。

田舎の草原。ぶらっとウォーキングに出かけたら、メダカが泳いでいる小川を見つけました。向こう岸に、キレイな花が咲いています。

手を伸ばしましたが、ギリギリ届かない。幅は、１ｍもありません。

川底が見えています。深さは50㎝くらいかな。

さあ、飛んでみましょう！

え？　怖くて飛べないですって？

大丈夫、大丈夫。

それじゃあ、ちょっと助走をつけてみましょう。10ｍくらい前から勢いをつけて、

「エイ！」

飛べました。できるんです。簡単、簡単。仮に落ちても死ぬようなことはありません。

ちょっと足が濡れるだけです。ここが肝心。失敗しても死ぬことはありません。そして何度でも飛べる。**やり直せる**のです。

**「飛べる」という自己暗示をかけてから、目の前の現実の壁にトライ**しましょう。

# 05

# 自転車に補助輪をはずして乗れた、あの瞬間のことを思い出す

ポジティブになれなくて、何もやる気が起きないという状態。

それは、まったく初めてのことに挑戦しなくてはならないという場合の「不安」とは違います。ほとんどの場合、今まではできていた。去年は、先月まではうまくいった。でも、たまたま、何かがきっかけで歯車が狂ってしまい、「できていた」ことが「できなくなった」のです。

世の中の**「不安」の大半は、初体験ではなく、過去にはできていたこと**なのです。

これを乗り越えるには、**自分に自信を持つ**に限ります。

では、どうしたらいいのか。過去の成功体験を思い出して、それをもう一度イメージしてみることです。

人間には、一度できたことは、脳がちゃんと覚えていて、身体も自然に動くという能力が備わっていると言います。そのいい例が、自転車です。子供の頃に一度乗れるようになったら、それこそ30年ぶりに自転車に乗ったとしても、ちゃんと乗ることができるのです。

最初は、2つの補助輪をつけていたはずです。それがある日、ひとつになりましたね。そのひとつも外したある日のこと。お父さんが後ろで支えてくれながら自転車に乗った。「離さないで！」と言うと、「わかった！　しっかり持っているよ」とお父さんが答える。でも、気がつくとお父さんはいません。それなのに、自転車は倒れずに走っている。その瞬間の喜びを思い出してください。

水泳で25mを初めて泳げた日を、鉄棒の逆上がりが初めてできた日を思い出してください。

自転車や水泳、逆上がりは、あくまでも例え話です。

あなたが、今までできていた「成功体験」を思い出してください。そして、その**「できた瞬間」を頭の中で、もう一度イメージ**してやってみるのです。**一度できたことは、必ず今もできます。**

# 06

## イメージトレーニングの極意「ハイ。今、スイッチが入りました！」と口に出して言う

自分をロボットだと思ってください。

手には、操縦桿を持っています。ちょっと年配の人は、『鉄人28号』をイメージしてください。ガンダムのコックピットに乗り込んだ自分をイメージするのもいいでしょう。

電源を入れます。

「ハイ。今、スイッチが入りました！」

ちょっと、充電が切れていただけなのです。

もう大丈夫。自分の自由に動けます。

心の中にイメージするのは、家の中にある電化製品のスイッチでもかまいません。照

明器具やテレビ、扇風機、ボタン式や液晶のタッチパネルなど、いろいろなスイッチがあります。できれば、パチンッとかカチッという音のするタイプがいいでしょう。

アスリートの多くは、勝負の前にこのスイッチをパチッと入れます。

野球選手は、ウェイティングサークルに入ると、何度もバットを振って次の打順を待ちます。これは、肩を慣らしたりピッチャーのボールに合わせるだけでなく、心のスイッチを入れているのです。

イチローは、打席に入った後も、何度も何度も肩から腕にかけて左手でなぞる仕草をします。これも同じ。ＯＦＦからＯＮに、スイッチを入れ替えているのです。

なぜなら、ずっとＯＮでは緊張が続かないからです。ここぞ、という**出番だけＯＮにすればいい**のです。また、少し前に、守備でエラーをしたかもしれない。前の打席では三振だったかもしれない。そうした**マイナスのイメージも切り替える**必要があるのです。

女子フィギュアスケートのキム・ヨナは、バンクーバー冬季オリンピックで『００７』のテーマ曲で演技をする際、途中で指をパチンッと鳴らしました。これは、一説によると、パフォーマンスの意味だけではなく、次の演技に入る前に呼吸を整えて気分を一新する目的があったとも言われています。**自分で自分の心にスイッチを入れた**のです。

# 07 頭の中いっぱいに自分の好きな「ピンク」や「オレンジ」など明るい色を思い浮かべる

「目の前が真っ暗だ」とよく言います。実際に、暗闇にいるわけではありません。すぐ周りにいる人たちには、眩しいほどの太陽が降り注いでいるかもしれません。言うに及ばず、ネガティブな心のときは、本当に風景が暗く見えてしまうものなのです。

私自身、何度もこんな体験をしてきました。小学校や中学校のとき、学年が上がるたびにクラス替えがありました。4月になって、前の学期とは、まったく違う教室に入った瞬間、何だか照明が暗く感じたのです。視力が落ちてしまったのかと思ったこともありました。

それは、名前も知らないクラスメートと一緒にいることで、心の「不安感」がそう感じさせたのだと、だんだんとわかるようになりました。「不安」「心配」「疑い」などというマイナス感情が、心の色を暗くし、実際に錯覚して周囲を暗く見せているのです。

心の中、頭の中の色を変えてやりましょう。赤、ピンク、オレンジ、黄色などの暖色系の色を思い浮かべるのです。

**暖色系の色は、感情を高めてやる気を起こさせます**。交感神経に刺激を与える働きがあるのです。赤色が食欲を増進させる作用があることはよく知られています。その代表的な例としては、マクドナルドの赤い看板があります。

暖色系の色には、若さ、自信、パワー、情熱、健康、幸福など、**さまざまなポジティブな状態を想像させる**効果が秘められています。

反対に、青色や水色などの寒色系は、興奮した心を鎮める効果があります。病院の待合室で使われたりします。副交感神経に作用するのです。

秋から冬になるとき、心が落ち込み「季節うつ」になる人が増えると言われています。そんなときは、**部屋の模様替え**をオススメします。壁紙の貼り替えまでは難しくても、ベッドカバー、カーテン、絨毯の色を**暖色系に替えることで心が明るくなります**。

実際に、赤やピンク、オレンジの色がついたものをじっと見つめて、心の中の色を変えるのです。

# 08

# 嫌なことがあったら、「これはいいことが起きる前兆だ」と思い込む

人生なんて、「つらいこと」「嫌なこと」「悪いこと」ばかり……ではありません。「悪いこと」ばかりだったら、気が狂ってしまいます。「いいこと」もあれば、「悪いこと」もある。でも、なぜか、「いいこと」はすぐに忘れてしまうのに、「悪いこと」ばかりが強く印象に残って引きずってしまうのです。

これは、人間の遺伝子、つまりＤＮＡがそうさせているのです。一説では、人のすべての行動は、ＤＮＡに左右されていると言われています。それは、子孫を残すためです。ウイルスや菌、天敵となる動物から身を守るための本能的な働きなのです。

なぜ、「悪いこと」ばかりが心に残ってしまうのか。それが、人間にとって、プラスのことなのか。

それは、ＤＮＡが「同じようなことがあったら注意しなさい」と言っているからに他

なりません。例えば、一度、火傷をした人は、火を見るだけで敏感になります。「かわいいな」と思って近づいた犬に手を噛まれる。もうその人は、犬を見ただけで逃げようとするでしょう。防衛本能ですね。

肉体的なことだけでなく、精神的なダメージにおいても、ＤＮＡが「忘れないように」とサインを送ってくれているのです。

だから、生きることはつらく苦しいわけです。

でも、大丈夫。忘れてしまいがちですが、**「いいこと」も間違いなく経験しているの**です。そして、「悪いこと」は続かない。また、一見「悪いこと」と思えることも、後で考えたら、「いいこと」に結びついていたということもあります。

例えば、今の勤め先で働いているのは、別の会社の入社試験に落ちてしまった「おかげ」です。その「おかげ」で、今の職場で恋愛をして結婚できた。つまり、**「過去」の「悪いこと」は、「現在」の「いいこと」と連なっていて、結びついている**のです。

もし、「悪いこと」が起きたら、すぐさま「いいこと」を思い浮かべて打ち消してください。

**「悪いこと」が起きたら、「これはいいことが起きる前兆だ」と思い込む**のです。

# 09 心の中にイメージしたリボン(ひも)を、ハサミでチョキンと切る

気の合わない上司の下で働いていたときのことです。ずいぶん、つらい目にあいましたが、一言も言い争うことなく我慢に我慢を重ねていました。つらくて、つらくてたまらず、何をしていても、その上司のことが頭に浮かんでしまうのです。

それは、会社の中だけではありませんでした。日曜日に、妻とドライブに出かけたときも、映画を見に行くときも、夕ご飯を食べているときにも、頭の中に出てくるのです。高速道路を走っている最中に、その上司ことが忘れられず、誤ってガードレールに激突しそうになったことさえありました。そのときは、助手席の妻に声をかけられて九死に一生を得ました。

そんなとき、ある神社の宮司さんから教えていただいた方法がコレです。

イメージしてください。心の中に（頭の中でも可）、1本のリボン（ひも）を思い浮

かべます。そのリボンは、あなたがつらくてつらくて、「悩み続けていること」です。

何とか、その悩みを心の中から追い出したい。でも、なかなか出て行ってくれない。

それをチョキンとハサミで切ります。

チョキン！

**切るというのは、「続いている悩み」を断ち切るということのイメージ化**です。しつこいものなら、園芸用の長バサミで切るのもいいでしょう。

パチンッ！

それでも切れなければ、レスキュー隊員が自動車事故の際に使うような、鋼鉄製のカッターで、
バキッ！

ああ、スッキリした。


**悩みとは、この世の中に実体として存在しません**。目にも見えません。それは、ただあなたの心（頭）の中にだけ存在するものです。だから、心の中のリボンを切るのです。

でも、残念ながら、何度切っても、リボンは現われます。それでも、何度も何度も切ってください。

# 10 心の中の「リセットボタン」を押す

「ああ、もう一度人生をやり直せたら……」

歴史に「もし」はないと言われます。そんなことを考えてもよりつらくなるだけです。

そこで！　再び、先述した「心のスイッチ」の登場です。今度のスイッチは、「リセットボタン」です。ポンッと押すと、今までのことがすべてチャラになります。嫌なことも、つらいことも、全部消えてなくなります。この**ボタンひとつで、人生が変わる**のです。そう、**やり直しがきく**のです。

何かトラブルがあって落ち込む。もう取り返しがつかない。戻れない。立ち直れない。そのときは、そう思います。ところが、何日か経つと、あら不思議。立ち直れないまでも、心が軽くなっていることがあります。問題は一向に解決していないけれど、あの心の苦しみは薄らいでいる。

そうなのです。心には波があります。ショックなことがあると、ド～ンと落ち込みます。しかし、人間の心は案外強くできていて、どんなショックにも慣れが生じるのです。両親や大切な友人が亡くなった。つらくてつらくて、生きていられないくらいに苦しい。ネガティブになり、何も手がつかない。でも、自然に、死の現実を受け入れられるようになる。だんだんと、元気を取り戻していく。

生死にかかわるような出来事ですらそうなのです。ましてや……たいていの悩みなら、**時間という薬が心を和らげてくれます**。間違いなく、**どんな悩みにも終わりはある**のです。後は、いかに早く立ち直れるかです。

こんな、イタリアのことわざもあります。**「今日という日は、残りの人生の最初の日」**。今までのことは、すべて終わったことだ。終わったことをくよくよしても仕方がない。今日という日を楽しもう。一生懸命に生きよう。陽気なイタリア人らしい言葉です。

このボタンは、都合のいいことに、どこにいても使えるし、何度でも押せます。

さあ、イメージしてください。あなたの心の真ん中にあるボタンを。

はい！　今この瞬間から、新しい人生がはじまりました。あなたの成功を祈ります。

壁なんて最初から
どこにもないんだ
それは勝手に自分で
作っていただけ
あなたも、そんな「壁」を
持っていませんか

## あとがき

「くよくよするな」
「前向きになろう」
「こだわるな」
「元気を出そう」

書店のビジネス・自己啓発コーナーの棚には、このようなタイトルの本がズラリと並んでいます。私自身も、どれほどたくさん読んだことか。つらくて、つらくてたまらないとき、付せんと3色ボールペンを手にして、むさぼり読んだものです。

言われることはわかります。一言でいえば、「心の持ち方を変えなさい」ということです。

わかっているのです。心の持ち方を変えれば、生き方が変わる。人生が変わる。でも、簡単に変われないから苦労しているのです。

私自身、勤め先の上司との人間関係に苦しみ、ストレスから倒れてしまいました。その結果、生死をさまようような大病をし、長くその後遺症に悩まされてきました。

その後も、人間関係と病気の2つのトラウマに何度も襲われました。

そこへ大切な家族の病気。看病介護の日々。介護休暇、有給休暇をすべて取った後に退職。

定期収入が途絶え、新しい仕事が軌道に乗るのに何年もかかりました。そうそう、リーマンショックにもやられ、退職金を奪われました。

「心の持ち方」を変えるのが一番とわかってはいても、待ったなしの生活でした。

何人ものお医者さんや宗教家、気功師、東洋医学の大家に師事して学ぶこと18年。さすがに少しは「心の持ち方」を変えることができました。

でも、その18年の間もがき苦しみながら、即効性のある方法を試しまくりました。藁にもすがる思いで。

根本的な解決にはならなかったかもしれません。しかし、間違いなく効き目がありました。明日への力が湧いてきました。何度も何度も繰り返すうちに、ジワジワと「心の持ち方」を変える手助けにもなりました。その方法をまとめたのが本書です。

「つらくて、つらくて、何も手につかない」という人もいるでしょう。

「そんなこと言われてもできない」と言われるかもしれません。よくわかります。私もその１人だったからです。すぐに、できそうなことからトライしてみてください。

ネガティブ↓ポジティブへのスイッチがパチンッと入って、幸せな人生を送れることを願っています。

２０１３年５月

志賀内泰弘

〈参考文献〉
『脳からストレスを消す技術』　有田秀穂著　（サンマーク出版）
『神道 見えないものの力』　葉室頼昭著　（春秋社）

## 著者略歴

志賀内泰弘（しがない やすひろ）

24年間某金融機関に勤務ののち独立。経営コンサルタント、飲食店プロデューサー、コラムニスト、俳人、ボランティア活動など幅広く活躍。その傍ら、借金、経営、町おこし、家庭問題、相続問題、就活、婚活など、さまざまな相談も請け負う。「感謝の心」と「ギブアンドギブの精神」こそが人生がうまくゆく秘訣であり、ポジティブ・スイッチの原動力であると説く。

「プチ紳士・プチ淑女を探せ！運動」代表として、思いやりでいっぱいの世の中を作ろうと「いい人」「いい話」を求めて全国を東奔西走中。「一つの出逢いが人生を変える」をモットーに「志賀内人脈塾」を主宰し、人のご縁の大切さを伝え、後進の育成につとめる。

また、上場企業をはじめとして各種経営者団体、異業種交流会、小学校から大学院まで幅広く講演活動を行ない、心が「ほろっ」「ジーン」「ほんわか」するエピソード・トークが人気。

『なぜ「そうじ」をすると人生が変わるのか？』（ダイヤモンド社）、『なぜ、あの人の周りに人が集まるのか？』『毎日が楽しくなる17の物語』（共にＰＨＰ研究所）、高野登氏との共著『「また、あなたと仕事したい！」と言われる人の習慣』（青春出版社）、『タテ型人脈のすすめ』（ソフトバンククリエイティブ）ほか著書多数。近刊に『ようこそ感動指定席へ！　言えなかった「ありがとう」』（ごま書房新社）がある。


「プチ紳士・プチ淑女を探せ！運動」ホームページ　http://www.giveandgive.com/


# つらくなったとき何度も読み返す「ポジティブ練習帳」

平成25年6月24日　初版発行

著　者 ―― 志賀内泰弘
発行者 ―― 中島治久

発行所 ―― 同文舘出版株式会社

東京都千代田区神田神保町1-41　〒101-0051
電話　営業03（3294）1801　編集03（3294）1802
振替00100-8-42935　http://www.dobunkan.co.jp



印刷／製本：三美印刷
ISBN978-4-495-52331-2
Printed in Japan 2013